ちょっと待った!! 大家さん!

不動産投資では賢い節税がたんまりお金を残す秘訣です!!

今すぐ知っておきたい《アパマン経営の税金》のツボ59

消費税改正にも対応!

税理士
夫馬竜司

はじめに

◎大家さん！ たんまりお金を残すためには、賢い節税が不可欠です！

本書を手にとっていただき、ありがとうございます。

本書を読んでいるということは、あなたは不動産投資に興味がある方、もしくは実際に不動産投資をやっている方でしょう。

副業でアパマン経営をしている**サラリーマン大家さん**でしょうか？

それとも、先祖代々、不動産経営を行なってきた**地主大家さん**でしょうか？

はたまた、これから不動産投資を始めようという**未来の大家さん**でしょうか？

いずれにしても、おめでとうございます！

なぜなら本書には、大家さんがトクする節税テクニックが満載だからです。

大家さんが不動産投資で手元にお金を残し、財産を築いていくためには、賢い節税対策が不可欠です。そのための〝税金のツボ〟について、これから本書で、合法的に、とことん大家さん目線でお伝えしていきます。

◎1000人以上の不動産投資家をクライアントに持ち、わかったこと

ご紹介が遅れました。

私、夫馬《ふま》竜司《りゅうじ》と申します。これまで、収益不動産投資専門の税理士として、のべ１０００人以上の不動産投資家（大家さん）を相手に、不動産購入時の税務から相続・事業承継時の税務まで、節税対策はもちろんのこと、銀行から融資を受け、収益不動産を買い続けるための税務戦略をアドバイスしてきました。

１０００人以上の大家さんと対峙してきた経験から切実に感じていることは、「多くの大家さんが、税金のことを知らなさすぎる」「**税金の知識がないというだけで、しなくてもいい損をしている**」ということです。

日本では、税金を自分で計算して納めるという「申告納税制度」が基本なので、税金のことを知らぬ存ぜぬでは損することがたくさんあります。

また、自分勝手な解釈で処理して、〝申告漏れ〟とみなされると、納税が遅れたことに対する「延滞税」を課せられたり、誤った申告方法をしていれば「加算税」という重い追徴課税を課せられたりするおそれもあります。

これでは、稼いでも稼いでも支払う税金だけが多くなって、財産としてほとんど残ら

ないということになりかねません。そうならないためにも、正しい税金の知識を身につけ、賢い節税対策を実行していくことが必要なのです。

◎税理士まかせではなく、大家さん自身が正しい税務知識を身につけよう

「いやいや、うちは顧問税理士にまかせているから教えてもらわなくても大丈夫！」

そう思っている人もいるかもしれません。

もちろん顧問税理士にまかせておけば、延滞税や加算税を支払うはめになることはほぼないでしょう。

しかし税理士は、正しく確定申告をすること、帳簿から正しく税金の計算を行なうことが仕事です。税金を減らすことが仕事ではありません。私のように、不動産投資家を対象に戦略的な節税と融資のアドバイスを行なっている税理士は別として、一般的な税理士は、節税のプロではないのです。

そのため、もしあなたが不動産投資で手元にお金を残し、財産を築いていきたいのであれば、顧問税理士にまかせっきりではいけません。大家さんであるあなた自身が、正しい税務の知識を習得し、賢い節税を実行していかなければならないのです。

本書では、その手助けとして、
第1章では、賢い節税を実現するための**「節税戦略」**について、
第2章では、節税対策の肝である**「必要経費」**について、
第3章では、**「法人化」**を活用した節税テクニックについて、
第4章では、賢い節税には欠かせない**「減価償却費」**について、
第5章では、青色申告65万円特別控除など**「確定申告」**のトクするやり方について、
第6章では、**「税務調査」**のとっておきの対応策について、
第7章では、**「消費税」**改正のポイントと不動産投資への影響について、
それぞれ、賢い節税のツボをお伝えしていきます。

本書を通じて、賢い節税の知識を身につけていただき、あなたの不動産投資ライフが豊かなものになることを祈念しております。

平成25年2月吉日

収益不動産投資専門税理士　夫馬　竜司

【目次】

contents

第2章 「必要経費」で節税は9割決まる！

肝

第3章 知っていれば得をする！「法人化」の節税テクニック

contents

第4章 「減価償却費」を制する者は不動産投資を制す！

制

第5章 大家さん！「確定申告」は絶対に青色申告がお勧めです！

第6章 大家さんのための「税務調査」対策マニュアル 防

第7章
改正にもバッチリ対応！大家さんのための「消費税」講座

※本書の内容は平成24年4月1日現在の法律に基づいています。
※本書は、夫馬竜司著「不動産投資絶対成功税務マニュアル」を再構成したものです。
※「節税対策」や「確定申告」は税理士にご相談いただくか、ご自身の判断と責任で行なうようによろしくお願いいたします。

編集協力：有限会社ブライトン
カバーデザイン：福田和雄（フクダデザイン）
本文レイアウト：藤本いづみ
図版：李　佳珍

第1章

大家さん、「賢い節税」がお金を残す秘訣です!

賢

01 ちょっと待った！　その節税対策ではソンします！

何を目標とするかで、節税の方法は大きく変わる

◎銀行から融資を受けたいかどうかがカギ

最初に大家さんに質問です。あなたはどちらのタイプの大家さんですか？

①物件購入は終了。あとはひたすら節税、節税、節税！
②さらにもう1棟、できればもう1棟……と、物件の購入をどんどん進めていきたい

この2つの道は大きな分岐点で、どちらの戦略を選択するかによって、節税の方法が根本的に違ってきます。

①の場合ははっきり言って簡単です。節税するために、赤字になってもいいから、とにかく経費にできるものはすべて計上していけばいいだけです。

②の場合は不動産投資に関する税務で最も難しく、戦略的に税務処理をしていかなけ

ればなりません。

あなたは、自己資金のみで不動産投資を続けますか？　おそらくそれでは、新しく物件を購入するのには限度があるでしょう。

やはり金融機関と上手に付き合う必要があるのです。なぜなら、収益物件を購入し続けるということは、金融機関から融資を受け続けなければならないからです。そして、**融資に赤字経営は厳禁**なのです。

融資をする銀行は、「このくらいの物件であればこれくらいの利益が出るはず」と利益の予想をしています。その予想金額を利益がはるかに下回っていると、銀行から経営能力がないと見なされます。ましてや赤字経営になっているとすれば、追加の融資はほぼ絶望的です。

節税に取り組む前に、まずは「何のために節税するのか」という目的をしっかりと確認してください。それが賢い節税を行なうための出発点です。

特に、銀行から融資を受けてさらに物件を購入しようと考えている人は、何でもかんでも節税するのではなく、よけいな税金を払わないように節税しながらも、一方では赤字にならないように気をつけなくてはならないのです。

02

やみくもに節税するのは今すぐやめなさい！

赤字経営だと、銀行からの融資が受けにくくなる

◎必要経費をムダに増やしてはいけない

不動産経営でお金を残し、財産を増やすためには、節税が欠かせません。

節税を考えるときに重要なのが、「必要経費を増やす」ことです。

「必要経費」とは一言でいうと〝税金を減らす支出〟のことです（本書では、税務上経費となるものを「必要経費」とし、必要経費とならない経費も含めたものを「支出」と定義します）。必要経費を増やすことで「所得」を減らすことができ、結果として支払う税金が少なくなります。

では、節税のために「必要経費を増やす」には、どうすればよいのでしょうか？

必要ないものを購入することでしょうか？　それとも必要のないリフォーム工事をすることでしょうか？　あるいはやみくもに不動産投資セミナーに参加することですか？

不動産経営で財産を築くためには、節税が必要です。そして、節税のカギとなるのは「必

要経費」です。だからといってやみくもに必要経費を増やしてはいけません。必要以上にお金を使うことは極めてナンセンスですし、赤字経営になれば、融資も受けにくくなります。そうすると、不動産経営でお金を残すことも難しくなってしまうのです。

◎節税の３つのポイント

では、大家さんが不動産経営で財産を増やすためにはどうしたらいいのでしょうか？
大家さんとして賢く財産を増やすための代表的な節税ポイントは、次の３つです。

ポイント１　「必要経費」にならない支出を削減する
ポイント２　「必要経費」にできるものはしっかり計上する
ポイント３　「お金が出て行かない必要経費」をつくる

ポイント１はわかりますよね。「必要経費」にならないムダなお金は使わないことです。
ポイント２については、どんなものが「必要経費」となるかを理解しなければなりません。必要経費にならない、ただの「支出」で計上しているのではもったいないですね。

第2章でくわしく解説しますが、どんなものが「必要経費」として認められ、逆にどんなものが認められないのか。それを見極めて必要経費にできるものはしっかりと計上すること。それが賢い節税をしてお金を増やすためには重要なのです。

◎「お金が出て行かない必要経費」を増やしなさい

そして最も重要なのがポイント3です。

「お金が出て行かない必要経費」とは、お金を使っていないのに必要経費として収入から差し引けるという意味です。つまり、**お金を使わずに節税ができる**のです。

というのも、必要経費として収入から差し引ければ、その分所得が減ることになります。所得が減るということは、税金の額も減ります。つまり、節税になります。

「お金が出て行かない必要経費」の代表的なものには、次の3つがあります。

①家族に給与を支払って必要経費として計上すること（↓213ページ）
②青色申告をして「青色申告特別控除」を受けること（↓209ページ）
③青色申告で赤字を繰り越すこと（↓219ページ）
※①と②は事業的規模の場合（↓211ページ参照）

①についてですが、従業員に給与を支払えばお金は出て行きますが、家族を従業員として給与を支払えば、あなたの家庭の家計からお金は出て行きません。さらにその給与は「必要経費」として計上できるので、家賃収入から差し引くことができます。つまり、所得が減り、納税額も減ることになります。

②については第5章でくわしくお話ししますが、青色申告をすれば、「65万円の青色申告特別控除」が受けられます。

これも実際にはお金を使っていないのに、必要経費として65万円を家賃収入から差し引くことができるのです。そう、これも所得が減ることになるので、納める税金が減り、結果として節税につながります。

③については、青色申告をすると、赤字を翌年以降、最高で3年間にわたって繰り越すことができます（法人の場合は9年間）。

たとえば、今年1年の所得が黒字となったら、過去3年間の赤字を繰り越して今年の所得から差し引くことで、今年の所得額が減り、結果として納税額を少なくすることができるのです。

これらの方法は、後ほどくわしくお伝えしていきます。

03

必読！ そもそも税金の額はどうやって決まるのか？

「納税額」は「所得額」で決まる

◎「所得額」＝「収入（金額）」－「必要経費」

「必要経費」が節税のカギ、その中でも「お金の出て行かない必要経費」を増やすことが重要だとお伝えしました。

ところで、あなたはそもそも税金の額がどのように決まるのかをご存じですか？

何となくわかるけど、正直、自信がない。そんな方もいらっしゃるかもしれませんので、ここで一度説明しておきましょう。

税金の額は、所得額で決まります。

具体的にいうと、会社員なら給料の全額（いわゆる〝額面〟）、不動産オーナーなら家賃収入といったように、自分が1年間に稼いだ年収のことを「収入（金額）」といいます。

「所得」は、この「収入（金額）」から「必要経費」を差し引いた金額です。所得税が課税される所得は10種類に分けられていて、所得税額の計算方法が異なります。なぜか

収入から所得税を求めるまでのしくみ

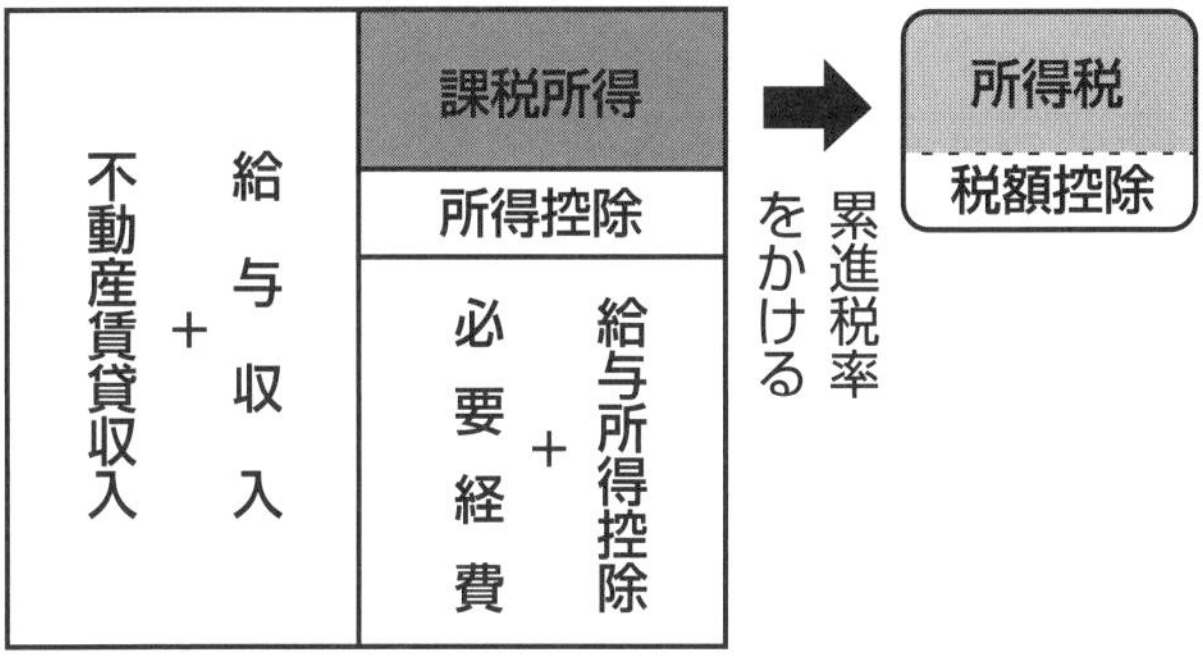

というと、所得の種類によって税率や控除額などの計算方法を変えることによって、公平な課税をするためです。

そして10種類の所得には、２種類の計算方法があります。一つはほかの種類の所得と合計してから税率をかける「総合課税方式」、もう一つがその所得単体で税率をかける「分離課税方式」です。

一般的なサラリーマン大家さんの場合、「不動産収入」と「給与収入」がありますので、所得は「不動産所得」と「給与所得」になり、いずれも総合課税方式なので、2つの所得を合計したものに課税されます。

もし、所得ごとにすでに所得税を納めている

（天引きされている）ような場合には、「所得控除」や「税額控除」などをすべて反映させてきちんと計算すると、納税額が異なることがあります。

この所得税は、「所得（収入－必要経費）」を基本として、そこから「所得控除」を差し引いた「課税所得」に税金が課せられます（27ページ上図）。

仮に収入金額が同じであれば、基本的に課せられる税額は同じであることが平等なのですが、私たちの暮らしは個人によってそれぞれ事情が異なります。同じ収入を得ていても、独身で一人暮らしをしている人もいれば、子どもや両親を扶養している人もいるでしょう。所得税は、このような個人的な事情も考慮して計算することになっていて、それらを「所得控除」といいます。ですから、たとえ所得が同額であっても、**所得から差し引ける「所得控除」の額が多ければ多いほど、「課税所得」の額が少なくなるので、結果として納めるべき所得税の額は少なくなる**のです。

そして課税所得とは「課税される所得金額」とも呼ばれ、この金額に応じて「税率」と「控除額」が決められます。

「税率」とは、税額を算出するための割合のことで、課税所得の額に応じて、5、10、20、23、33、40％の税率が課せられます。課税所得額が少なければ税率は低く、課税所

所得税の税率および控除額

平成 24 年4月1日現在

課税所得	税率	控除額
195 万円以下	5%	0 円
195 万円を超え 330 万円以下	10%	97,500 円
330 万円を超え 695 万円以下	20%	427,500 円
695 万円を超え 900 万円以下	23%	636,000 円
900 万円を超え 1,800 万円以下	33%	1,536,000 円
1,800 万円超	40%	2,796,000 円

得額が多ければ税率は高くなります。本ページ上の表で詳細を確認してください。

この税率に対してあらかじめ決められた額を控除して所得税額が決まります。たとえば５％の税率のときは０円、40％の税率のときは２７９万６０００円です。

そして最後に、**納めるべき正しい所得税額が決まった後に、「税額控除」という納税額から一定額を直接差し引ける控除があります。**

この税額控除にもいくつか種類があります。よく耳にするのは、マイホームを購入した人が受けられる「住宅ローン控除（正式には「（特定増改築等）住宅借入金等特別控除」）」などです。

04 大家さん！ まずはこの税金を頭に叩き込みなさい

各ステージにかかる税金を把握する

◎不動産購入から売却までに発生する税金

前項で、税金は収入から必要経費を差し引いた所得額に応じて決まる、とお伝えしました。その際の税金とは、個人の場合には**「所得税」「住民税」「個人事業税」**、法人の場合には**「法人税」「法人住民税」「法人事業税」**のことをいいます。

しかし、不動産を購入して大家さんになると、それ以外にもさまざまな税金を支払うことになります。

税金を払わないといけないのにキャッシュ（現金）がない！　払えない！

そんなことになると、給与や財産を税務署に差し押さえられてしまいます。そうなると銀行は融資をしてくれないでしょうし、不動産経営にも支障を来たします。

そうならないためにも、いつどんな税金をいくら支払う必要があるのか、ここで頭に入れておきましょう。

■ 不動産経営の各ステージでかかる税金

購入するとき

◆一度だけ納税

印紙税
登録免許税
不動産取得税
固定資産税精算金

↓

不動産経営をしている間

◆毎年納税

固定資産税

◆所得があれば納税

〈個人〉	〈法人〉
所得税	法人税
住民税	法人住民税
個人事業税	法人事業税

↓

手放すとき

◆譲渡益が出た場合に納税

〈個人〉	〈法人〉
所得税	法人税
住民税	法人住民税
	法人事業税

◆贈与・相続したときに納税

贈与税
相続税

不動産購入から売却（贈与・相続）までに発生する税金を時系列で並べると、31ページのような流れになります。**一回しか納税しない税金もあれば、毎年納税する税金もあります。**とにかく、こんなに払うの？　というほど出費が多いのです。

どの税金がいくらかかるかなど、くわしい説明はのちほどします（34〜49ページ）。

◎税金には国税と地方税がある

税金と一言でいっても、支払い先、支払い方法はさまざまです。

ここで税金にくわしくない方のために軽く触れておきましょう（税金の知識がある方は読み飛ばしていただいてけっこうです）。

税金には、国に納める「**国税**」と都道府県や市町村に納める「**地方税**」があります。

地方税の中でも、都道府県に納める「**都道府県税**」と市町村に納める「**市町村税**」に分かれます。

したがって、窓口はそれぞれ異なり、問い合わせ先もそれに応じて変わります。

また、税金は納付のしかたもいろいろあります。税金は納税先で分けられるだけでなく、納付のしかたによっても次のように分かれます。

税金にはさまざまな種類がある

分類	国税	地方税
所得課税	所得税	個人住民税
	法人税	個人事業税
	地方法人特別税	法人住民税
		法人事業税
		道府県民税利子割
資産課税	相続税・贈与税	不動産取得税
	登録免許税	固定資産税
	印紙税	都市計画税
消費課税	消費税	地方消費税
	酒税	軽油引取税
	たばこ税	自動車税
	自動車重量税	自動車取得税

①申告納税方式：自分で税額を計算し、申告書を作成して税金を納める。所得税など

②賦課《ふか》課税方式：市町村が計算して「これだけ税金を支払ってください」と通知してくる。送付された納付書で税金を納める。固定資産税など

その他、印紙税のような、印紙を購入すれば、支払うことになる税金などがあります。

05

「不動産購入時」にも、じつは税金がかかるんです

「印紙税」「登録免許税」「固定資産税・都市計画税精算金」

先ほどお伝えしたように、不動産経営にはさまざまな税金がかかります。
ここではまず、不動産購入時にかかる税金から、一つずつ具体的に見ていきましょう。

◎印紙税

物件を購入するときに売主と取り交わす「不動産売買契約書」には、「収入印紙」を貼る必要があります。

この収入印紙を、売主と買主それぞれが契約書に貼り付けることで「**印紙税**」を支払っています。収入印紙は、郵便局や法務局で購入することができます。

また、銀行から融資を受けて物件を購入する場合は、「金銭消費賃借契約書」を銀行と交わしますが、この金銭消費賃借契約書にも印紙を貼る必要があります。

印紙税の税額は、購入する不動産の価額や融資額によって異なります。

印紙税

契約金額	本則税額	軽減後税額
１万円未満	非課税	－
10万円以下	200円	－
10万円を超え50万円以下のもの	400円	－
50万円を超え100万円以下のもの	1,000円	－
100万円を超え500万円以下のもの	2,000円	－
500万円を超え１千万円以下のもの	１万円	－
１千万円を超え５千万円以下のもの	２万円	１万５千円
５千万円を超え１億円以下のもの	６万円	４万５千円
１億円を超え５億円以下のもの	10万円	８万円
５億円を超え10億円以下のもの	20万円	18万円
10億円を超え50億円以下のもの	40万円	36万円

ただし、不動産の売買契約に限っては、平成25年3月31日までの間に作成される契約書で、記載された契約金額が１０００万円を超えるものについては、税率が軽減されています（上表）。

貼り終えた収入印紙とその文書には、鮮明に捺印をする必要があります。これを「消印」といいます。印鑑は認印でもかまいません。消印をしてはじめて印紙税を納めたことになると考えてください。

◎印紙税の節税テクニック

印紙税に関する節税のポイントで

す。

通常は契約書を2通用意して、それぞれに印紙を貼って買主と売主が所持します。ところが、**1通を原本、もう1通をコピーで契約書を作成すると、原本の1通分だけの印紙代で済ませることができます。**

さらに、その1通分の印紙代を折半しましょうと売主さんに相談してみてください。そうすれば買主のあなたも節税することができます。その際、売主・買主いずれが原本を保管するかを契約書に明記し、契約どおり保管するようにしてください。

注意点は、契約書の内容が履行されなかったときです。たとえば銀行からの借入時に交わす「金銭消費賃借契約書」が何かの事情で解除されてしまった場合でも、その契約書に印紙の貼付が必要です。なぜなら、契約解除があっても当初に契約書を交わした事実が無くなるわけではないからです。

◎登録免許税（国税）

不動産物件の売買契約書を取り交わした後は、必ず、「**所有権移転登記**」を行ないます。登記をすることで所有権の権利が確立され、不動産物件は正式に大家さんのものになります。

また借り入れによって不動産物件を購入する場合には、銀行に、土地と建物を担保にとられます。担保にとっていることを法律的に明らかにすることを、「**抵当権の設定登記**」といいます。

これらの登記を行なうためには、「建物に関する所有権移転」と「土地に関する抵当権の設定」の「**登録免許税**」を国に納める義務があります。

一般的には、司法書士に事務手続きをお願いするケースがほとんどです。司法書士からもらう見積書や請求書の中にある登録免許税の請求欄に、金額が記載されていますのでそちらで金額がいくらなのかを確認しましょう。

登録免許税の税額は次のように定められています。

〈所有権移転登記〉
・土地の「登録免許税」＝「固定資産税評価額」×２％（平成25年３月31日までは１．５％　それ以降は２％）
・建物の「登録免許税」＝「固定資産税評価額」×２％

〈抵当権設定登記〉
抵当権設定登記の「登録免許税」＝債権金額（借り入れ金額）×0.4％

「固定資産税評価額」は、〝固定資産税の評価証明書〟に記載されていますので、仲介業者さん経由で売主さんからコピーをもらっておきましょう。

たとえば、土地の「固定資産税評価額」が3000万円、建物の「固定資産税評価額」が5000万円だとします。その場合、土地の「登録免許税」は、3000万円×2％＝60万円、建物の「登録免許税」は、5000万円×2％＝100万円となります。

◎不動産取得税（都道府県税）

契約と登記が完了すると、**「不動産取得税」**の納税通知書が送られてきます。

「不動産取得税」も平成27年3月31日までに購入した物件については軽減措置がとられており、土地の評価額を2分の1、かつ、税率が4％から3％に軽減、建物（居住用のみ）は税率が4％から3％に軽減されています。

「不動産取得税」は、郵送されてくる納付書を使って、物件が所在する都道府県に納めます。

郵送されてくる時期は各都道府県によって前後しますが、目安は不動産取得後３カ月～６カ月程度です。**納付期限は納付書が作成された日から1カ月以内**が一般的です。

「不動産取得税」の税額は次の通りです。

> 土地の「不動産取得税」＝「固定資産税評価額」×１／２×３％（平成27年3月31日まで）
> 建物の「不動産取得税」＝「固定資産税評価額」×３％（平成27年3月31日まで）

先の例同様、土地の「固定資産税評価額」が３０００万円、建物の「固定資産税評価額」が５０００万円だとします。土地の「不動産取得税」は３０００万円×１／２×３％＝45万円、建物の「不動産取得税」は５０００万円×３％＝１５０万円となります。

◎固定資産税・都市計画税精算金（市町村税）

「**固定資産税**」と「**都市計画税**」は一緒に支払うことから「**固都税（ことぜい）**」と呼

ばれます。

この税金は、商取引の慣習上、売主と買主の税負担の調整としていますが、会計上、税務上は売買代金の一部と考えます。

ちょっと難しいかもしれませんね。

どういうことか、くわしく説明しましょう。

この「固都税」ですが、**その年の1月1日現在に不動産を所有している人に支払う義務があります。**

そうすると、たとえば7月にその不動産を売却した場合、1月1日現在に所有していた売主にとっては、8月から12月までの期間の「固都税」を買主に負担してほしい、と考えるのも不思議ではありません。

そこで商取引の慣習上、売主と買主とでその「固都税」の負担調整を行ないます。それが〝固定資産税の精算〟と呼ばれるもので、通例では物件の売買時期から期間を日割りで按分して買主が売主にその一部を支払うのです。

注意点は、按分する際の期間のはじまり（起算日）が、地域によって異なることです。

主なものとして、**「関東方式」が1月1日、「関西方式」が4月1日**です。中部より東は関東方式、中部から関西以西は関西方式で起算日を決めることが多いです。

これは法律で決められているわけではないので、実際にどちらの起算日になるかは明確に決まっていません。必ず仲介会社に確認をとってください。

また、土地や家屋の評価額は、原則として3年に一度、市町村が見直しを行ないます。その年の評価額は原則4月1日に公示されますので（市町村によって異なります）、1月1日を起算とする関東方式の場合、もし評価替えの年の1月〜3月に売買契約をすると、変更後の評価額は4月1日までわかりません。

このような場合は、精算金は前年度の評価額から計算するように取り決めてしまいます。見直しがあって評価額が変わって差額が生じたとしても、再精算はしないことを確認書として取り交わすことが慣習となっています。

ちなみに起算日は売買契約書に明記することになっていますので、そちらでも確認することができます。

06

絶対に押さえたい！「不動産経営時」に納める税金

節税のメインの対象になる

◎個人の場合は、「所得税」「住民税」「個人事業税」

何度もお伝えしているように、税金の額は収入から必要経費を差し引いた所得額に応じて決まります。その際の税金とは、個人の場合には「所得税」「住民税」「個人事業税」、法人の場合には「法人税」「法人住民税」「法人事業税」のことでした。

不動産賃貸業を始めて、所得が出て黒字になると国に支払うことになるのが、「**所得税**」です。所得税は、3月15日までに確定申告書を所轄の税務署に提出して納税します。

26ページでも説明しましたが、税金は、「所得＝収入－必要経費」に税率をかけて計算されます。実際の計算は、収入から必要経費を差し引くだけでなく、「所得控除」なども収入から差し引くことができるので、単純ではありません。また、サラリーマン大家さんは「給与所得」と「不動産所得」を合計した所得に対して課税されます。

そして市町村には「**住民税**」を納税します。住民税を細かく分けると、「**都道府県民税**」

と「**市町村民税**」がありますが、一般的に住民税と呼んでいるのは、この２つを合わせたものです。この住民税には「所得割」と「均等割」の２種類があり、所得割は前年の所得金額に応じて課税されるのですが、均等割は所得金額にかかわらず定額で課税されます。

住民税の計算式は次の通りです。

住民税＝所得割（課税所得×税率）＋均等割

所得税の所得控除には、「基礎控除」といって、**誰でも38万円の所得控除を受けられる制度があるのですが、住民税の所得割に対しては、33万円の基礎控除が受けられます。**

また、税率は所得税と異なって、課税所得金額にかかわらず一律で10％ですし、住民税といっても住んでいる地域にかかわらず、所得割の税率と均等割の金額は全国一律です。

個人事業であっても、不動産賃貸業がある程度の規模になると都道府県から「**個人事業税**」が課税されます。課税対象になるかどうかの「ある程度の規模」の基準は、都道府県によって少し違いがあります。たとえば、東京都の場合、アパート・マンションで

10室以上、戸建てで10棟以上所有した場合に課せられます。

個人事業税は、課税標準額×5%で計算されます。課税標準額は、不動産所得から「事業主控除である290万円」を差し引いた額です。つまり、**ある程度の規模になっても、290万円の事業主控除があるため、不動産所得が290万円になるまでは、個人事業税はかかりません。**

注意点は、この事業主控除額は開業日からの按分で額が変わりますので、年の途中から不動産オーナーになった場合には、満額の290万円を事業主控除として差し引けない可能性があります。

個人事業税の支払い方法ですが、8月31日までと11月30日までの年2回、郵送されてくる納付書で納めます。

◎法人の場合は、「法人税」「法人住民税」「法人事業税」

法人を設立して法人が不動産を所有している場合、不動産収入は法人に入ります。つまり、不動産所得に対して税金を法人で納税することになります。その最たるものが「**法人税**」ですが、これは個人でいうところの所得税にあたりますので、基本的な考え方は個人の所得税と同じです。不動産収入から修繕費などの必要経費を差し引いた不動産所得に、法人税率をかけます。

また、個人と同じように、法人にも住民税が課せられます。「**法人住民税**」も個人と同じように2種類の住民税（「**法人都道府県民税**」と「**法人市町村民税**」）があり、法人税割は法人の法人税に応じて課税され、均等割は利益が出ていなくても事務所が存在するだけで課税されます。

個人の場合は一定規模以上の場合に個人事業税がかかりますが、法人の場合は規模に関係なく「**法人事業税**」が課税されます（平成20年10月１日から、法人事業税という地方税と地方法人特別税という国税に分離されました）。

◎駐車場や店舗、事務所を貸している場合は、「消費税」の対象になる

不動産賃貸業で、１００％居住用として貸し付けている場合は、消費税はかかりませんが、駐車場や店舗、事務所を貸している場合は、賃貸による収入について、消費税の対象になります。そのようなケースでは、収入を課税売上（消費税の対象となるもの）と非課税売上（消費税の対象とならないもの）に分ける必要があります（詳細は7章）。

07

「不動産を手放すとき」の税金には気をつけなさい

「所得税・住民税（法人税・法人住民税・法人事業税）」「贈与税」「相続税」

◎不動産売却時にかかる税金

所有している物件を売却したときには、物件購入時とほぼ同じ諸経費（印紙税、登録免許税、司法書士手数料、仲介手数料など）がかかります。

それ以外に、個人であれば**「所得税・住民税」**、法人であれば**「法人税・法人住民税・法人事業税」**の対象になります。

ただし**法人では、必ずしも売却益が出たからといって、税金がかかるというわけではありません。**なぜなら法人が行なった活動はすべてその法人の損益として計算されます。

つまり、事業年度内のすべての収入と費用を差し引いてプラスの利益が出れば、法人税、法人住民税、法人事業税がかかりますが、マイナスになれば税金はかからないのです（ただし、法人住民税の均等割は別）。物件の売却では利益が出たとしても、法人として1年間の収支がマイナスであれば、物件を売却した利益に対する税金は課せられないことになるわけです。

◎不動産贈与時にかかる税金

所有している物件を土地・建物セットで子どもへ贈与したとしましょう。そうすると、もらった子どもに「**贈与税**」がかかります。贈与税の計算期間は、暦年、つまり1月1日から12月31日の間に行なわれた贈与の総額で贈与税の計算をします。

たとえば、贈与の対象となる不動産の評価額の合計が1000万円だったとします。これを年に1回だけ行なったとすれば、（1000万円－110万円）×40％－125万円＝231万円の贈与税がその子どもに課税されます（贈与税率表・下図）。

■ 贈与税率表

基礎控除後の課税価格	税率	控除額
200万円以下	10%	－
300万円以下	15%	10万円
400万円以下	20%	25万円
600万円以下	30%	65万円
1,000万円以下	40%	125万円
1,000万円超	50%	225万円

財産の評価額から１１０万円を差し引いて税率を乗じ、最後に控除額を差し引いて税額を算出します。

また、**「相続時精算課税制度」という贈与税の制度もあり、一定の条件のもとで２５００万円までの贈与であれば贈与税が非課税となる制度もあります。**ただし、相続時に相続財産として再計算をしなければならない制度で、かつ、この制度を適用する同一人物同士間では二度と暦年贈与に戻ることはできないため、慎重に検討する必要があります。

その他、贈与により所有権が移転するため売買と同様、「所有権移転登記」が必要となります。つまり、「登録免許税」が２％かかるのです。「不動産取得税」も同様です。

◎不動産相続時にかかる税金

もし収益不動産を所有している方が亡くなりその不動産を引き継いだ相続人がいた場合に、**「現預金や株式などのほかの相続財産も含めそれら財産価額」から、「５０００万円＋１０００万円×法定相続人の数」（基礎控除）を差し引いた残額**があるのであれば、**「相続税」**がかかります。

　たとえば、収益不動産のみが相続財産で、その引き継ぐ相続人が１人だとします。その収益不動産の評価額が７０００万円としたらこの金額から基礎控除である６０００万円（５０００万円＋１０００万円×１人）を差し引くと１０００万円となり、この１０００万円が相続税の対象金額となります。その税額は、１０００万円×10％＝１００万円となります（相続税率表・下図）。

　売買同様、所有権が移転するため「所有権移転登記」が必要であり「登録免許税」が必要ですが、相続の場合は税率が０・４％と売買・贈与のときより率が低くなっています。

　また、「不動産取得税」も相続の場合で取得したときには売買・贈与と異なり、非課税とされているため、登録免許税同様、優遇されています。

■ 相続税率表

課税標準	税率	控除額
1,000万円以下	10%	−
3,000万円以下	15%	50万円
5,000万円以下	20%	200万円
1億円以下	30%	700万円
3億円以下	40%	1,700万円
3億円超	50%	4,700万円

08

「帳簿」をつけることが、お金を残す秘訣です

不動産経営のはじまりは簿記から

◎帳簿をつけないと無駄な税金を支払いかねない

これまで見てきたように、不動産経営にまつわる税金にはさまざまなものがあります。その中で節税の主な対象となるのが、個人の場合には、「所得税」「住民税」「個人事業税」、法人の場合には、「法人税」「法人住民税」「法人事業税」でした。そして、それらの税金は、所得額に応じて金額が決まることもお伝えしました。

具体的にいうと、収入から必要経費を差し引いた「所得」の金額に応じて、納税額が決まるのです。

ということは、**収入と必要経費それぞれのお金の出入りをしっかり把握していなければ、正しい確定申告もできませんし、無駄に税金を支払うことにもなりかねません。**

そうならないように、大家さんは必ず「帳簿」をつけることです。

とはいえ、どんな帳簿を用意して、何をどこへ記帳したらよいのかわからないという

人も多いでしょう。不動産経営では、次に紹介する帳簿を使用します。

①現金出納帳　現金の入出金を記帳する
②預金出納帳　銀行口座の入出金を記帳する
③経費帳　経費を勘定科目ごとにまとめて記帳
④仕訳帳　日付順にすべての取引を「借方」「貸方」に分けたもの
⑤総勘定元帳　勘定科目ごとにまとめたもの

これらの帳簿は、市販の会計ソフトを使用すれば作成できます。
大家さんは、次に紹介する帳簿も準備しておきましょう。

①家賃入金管理台帳　物件ごとに毎月の家賃入金を記帳
②固定資産台帳　所有しているさまざまな固定資産を管理するための台帳。この台帳に記録する金額が帳簿価額（略して簿価）となる

■ 帳簿をつけてお金の流れを把握しよう

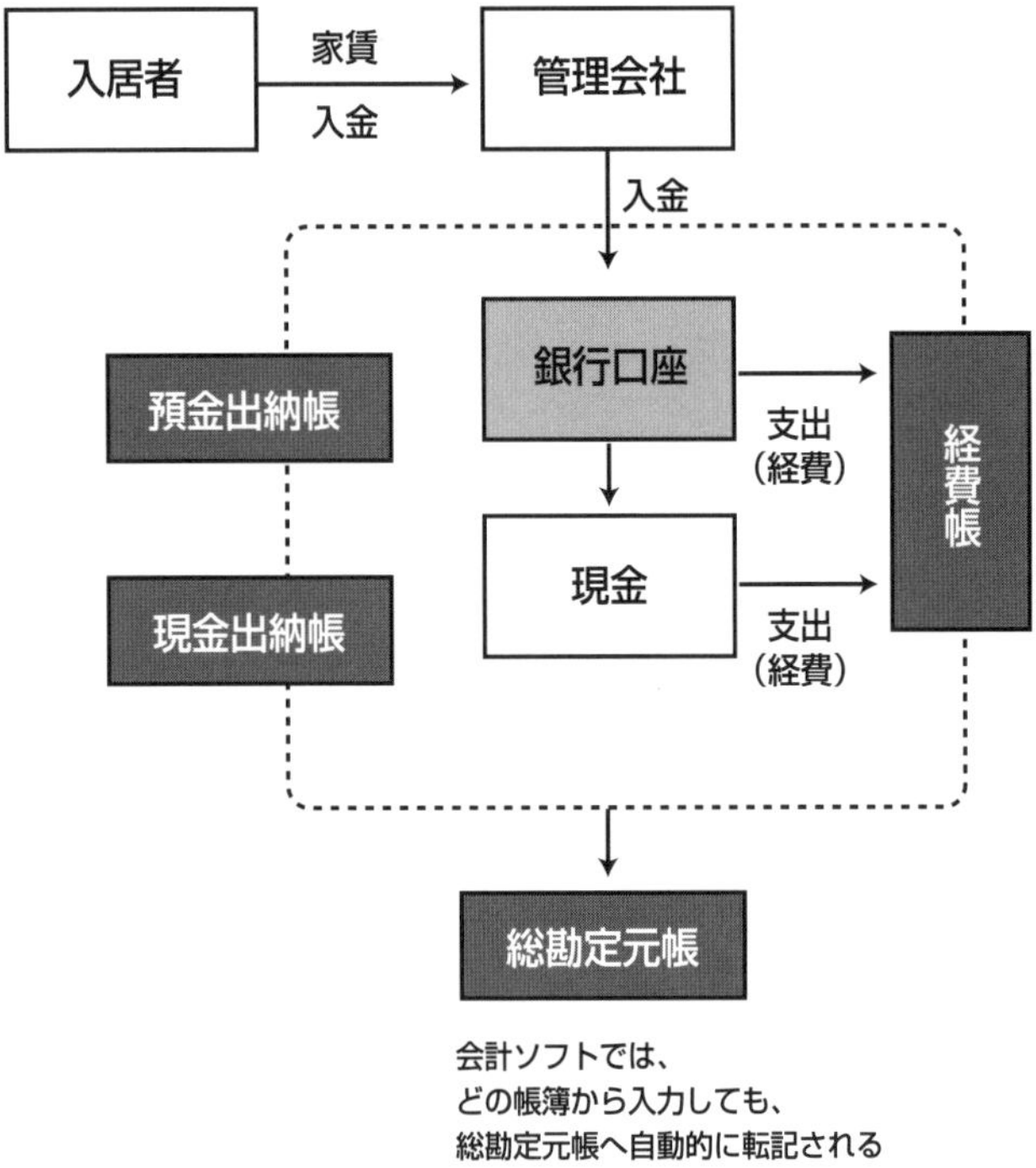

◎記帳の基本、勘定科目とは？

帳簿をつけるときは、「勘定科目」ごとに1年間の数字を集計します。収入や支出をごちゃまぜに記帳してしまうと、とてもわかりづらいですよね。そこで目的ごとに大まかに分類するために、勘定科目ごとに数字を集計します（56ページ）。

不動産業に関係する勘定科目は次ページのようなものがあります（54～55ページ）。**どこにも当てはまらないもので継続的に発生する費用に関しては、新しい勘定科目をつくって記帳**するようにします。

新しい勘定科目のつくり方は、こうでなければいけないというものではありません。必要に応じて任意に作成すればいいのです。たとえば書籍代などで一般的に使われている必要経費に「新聞図書費」があります。ところが、青色申告決算書の必要経費の欄には、「新聞図書費」がありません。そこで新たに自身で、その勘定科目を設定すればいいのです。年間で数千円くらいの少額の出費であれば、「雑費」としてまとめてしまう方法もあります。

ポイントは、**同じ収入や支出に対して異なる勘定科目を割り当てないこと**です。

■ 不動産経営で使用する勘定科目①（個人事業の場合）

■ 資産（資産として計上するもの）

現金	現金
預金	金融機関に預けているお金
未収賃貸料	未収分の家賃
建物	アパート、マンション、貸店舗、貸事務所、社宅など
建物付属設備	電気設備、ガス設備、給排水設備、冷暖房設備など
工具器具備品	パソコン、コピー機など、10 万円以上の事業用資産
土地	事業のために使用する土地
事業主貸	事業資金から個人の生活費を引き出す際に使用する勘定科目

■ 負債（負債として計上するもの）

借入金	金融機関、取引先などから借りたお金
未払金	固定資産、有価証券の購入など、仕入以外に関して 未払いの金額
保証金・敷金	賃貸借契約時に借り主から預かるお金
事業主借	個人のお金を事業資金へ入れるときの勘定科目

■ 資本（資本として計上するもの）

元入金	資産と負債の差額。法人の資本金に相当する

■ 収益（収益として計上するもの）

賃貸料	家賃収入
礼金	賃貸借契約時に借り主から受け取るお金
更新料	賃貸借契約更新時に借り主から受け取るお金
共益費	エレベーターなどの共有部分を維持・管理する収入

■ 不動産経営で使用する勘定科目②（個人事業の場合）

■ 経費（必要経費となるもの）

租税公課	固定資産税、登録免許税、不動産取得税、印紙税などの税金
損害保険料	貸している建物にかかる火災保険料など
修繕費	資産の修理費用
借入金利子	支払利息
人件費	従業員への給与、退職金
水道光熱費	電気代、ガス代、水道代など
旅費交通費	電車代、バス代、タクシー代、航空券代、宿泊費、日当
通信費	電話代、携帯代、切手代、ハガキ代、インターネット代など
消耗品費	10万円未満の消耗品。事務用品、文房具、電球、清掃用具など 不動産経営に必要なものであれば必要経費
地代家賃	事務所、店舗、社宅などの家賃、共益費や、月極駐車場使用料、 その他土地の使用料など、建物や土地を賃借した場合に支払う賃料
接待交際費	不動産関係者に対する接待、慰安、贈答するためにかかった支出
会議費	業務に関連して行なわれる会議に要する費用。 会議室の利用料、付属機器の利用料、会議での飲食代など。 管理会社の営業マンと打ち合わせのための飲食代は会議費
車両費	ガソリン代、車検代など車両に関する支出
諸会費	事業を円滑に行なうために入会した団体などへの支払い
福利厚生費	従業員に対する慰安、娯楽、医療、慶弔見舞金などに要する支出
研修費	セミナー参加費などの支出
新聞図書費	業務上必要な書籍、雑誌、新聞などの支出
支払手数料	振込手数料や引出手数料、仲介手数料など
専従者給与	青色専従者（家族従業員）への給与
雑費	どの勘定科目へも分類されない費用

■ 数字は勘定科目ごとに集計する

賃貸収入

			4/7	普通預金	100,000
			10	普通預金	80,000
			15	普通預金	50,000
			20	現　　金	60,000
			30	普通預金	50,000

修繕費

4/17	普通預金	35,000			
23	現　　金	20,000			

消耗品費

4/7	現　金	8,500			

第2章

「必要経費」で節税は9割決まる!

09 賢い節税のカギは「必要経費」にあり

必要経費と不動産投資の関係

◎必要経費は、ただ増やせばいいわけではない

第1章でもお伝えしたように、所得（儲け）に税率をかけて納税額が決定します。ところが、この所得を「所得＝収入」と考えている人がじつに多い。実際は次のようにして計算されます。

所得 ＝ 収入 － 必要経費

たとえば、家賃収入200万円に税金をかけるのではなく、その収入200万円を得るのに費やしたお金、つまり「修繕費」や「固定資産税」などの「必要経費（その他、「給与所得控除」などの所得控除）」を差し引いた〝儲け〟が「**所得（課税所得）**」（26ページ参照）となります。

この所得に税率をかけるのですから、所得が少なければ少ないほど支払う税金は少ないということになります。

所得を減らすには、「収入」を減らすか、「必要経費」を増やすかのいずれかです。収入が減って喜ぶ人は誰もいません。また、売上をごまかして収入額を意図的に減らすことは犯罪です。

すると、税金を減らすためには、必要経費を増やすしかない！　という結論にいたる大家さんがたくさん誕生するわけです。

しかし、必要経費が増えれば、所得も減ります。

これ以上物件を取得しないのであれば、所得が減ることで税金も減るわけですから、必要経費が増えたとしてもそれほど大きな問題ではありません。

ところが、さらに物件を購入していく場合には話は別です。なぜなら、融資を行なう銀行はたくさん儲かっている人に融資をします。お金に困っている人には融資しません。

そのあたりを考慮して節税を行なわないと、何のための不動産投資かわからなくなります。やみくもに必要経費を増やして、納税額を減らしているだけだと、銀行から新しく融資を受けることも難しくなり、結果として損するおそれもあるのです。

10 大家さんが「間違いやすい必要経費」とは？

必要経費になるもの・ならないものの見極め方

◎どういうときに必要経費になるのか？

納税額は所得額で決まる、そして所得額は必要経費によって決まる。

そうお伝えしてきました。

つまり、**必要経費になるかならないかを見極めること、それが賢い節税のカギになるのです。**

では、どういうときの支出が必要経費になり、どういうときの支出は必要経費にならないのでしょうか？

結論からいうとケースバイケースという答えになるのですが、あえて一言でいうと、〝家賃収入などの収入を得るために直接必要だった支出〟が必要経費となります。

ここでは、それぞれの科目ごとに、必要経費になるかならないかを見ていきましょう。

◎租税公課（税金）は必要経費になる

「租税公課」とは税金のことです。

税金の中には必要経費になるものとならないものがあります。

不動産賃貸業に関係する税金で、必要経費になるものとならないものについてまとめると63ページの表のようになります。

◎借入金の返済は「支払利息」しか必要経費にならない

大家さんの中には、銀行から借入をしている人も多いでしょう。

銀行からの借入金は必要経費になるのでしょうか？

結論からいうと、**借入金の返済は、「支払利息」しか必要経費になりません。「元本返済部分」は必要経費にならないのです。**

毎月払っているものですから必要経費かと錯覚しそうですが、これは借りたお金を返しているだけなので、単なる支出です。必要経費にはなりません。

借入金の支払利息を必要経費として処理するときには、状況によって方法が異なるので注意してください。

具体的には、65ページ図の①と②の違いのように、「**借入が開業前か開業後か**」によって必要経費にできるかどうかが決まります。

①初めての借入で収益マンションを建築し、不動産賃貸業を開業した場合には、開業前の支払利息は建物の取得価額に含めて減価償却します。そして開業後に支払った支払利息から必要経費とします（65ページ上図）

②以前から不動産賃貸業を行なっていて、今回新たに借入で物件を建築した場合には、以前から不動産賃貸業を行なっていることから「事業が継続している」と考えられるので、最初から支払利息を必要経費とできます（65ページ下図）

◎入居者へのプレゼントも必要経費にできる

最近の空室対策の一つとして、入居してくれた入居者へプレゼントを用意する大家さんが増えてきました。このプレゼントの費用は、「交際費」として経費計上できます。

入居者にプレゼントする費用の額に上限はありません。たとえば、1カ月の家賃に相

■ 必要経費になる税金、ならない税金

必要経費になる税金	必要経費にならない税金
印紙税	所得税
登録免許税	住民税
不動産取得税	法人税
固定資産税	法人住民税
都市計画税	延滞税
個人事業税	加算税
法人事業税	
利子税	
自動車税	

当する家電をプレゼントしても問題ありません。

ただし、問題となるのが「商品券」をプレゼントすることです。**商品券などの金券は、税務調査のときに大変厳しくチェックされます。**なぜなら、金券は大家さんが自分で使うことができるからです。

店子《たなこ》付け（入居者を集めること）のためのプレゼントであれば必要経費として認められますが、プレゼントを装って自分で使ってしまうこともできます。金券は換金することも容易ですので、脱税とみなされるケースも想定されます。

もし、本当にプレゼントとして商品券を渡すのであれば、それが本当に入居者に渡ったことを証明できるようにしておく必要があります。**税務調査の際に、不利にならないような根拠付けをしておくことが鉄則**なのです。

可能であれば、入居者からプレゼントの受領書をもらうようにしたり、管理会社からプレゼントを渡してもらうのであれば、何号室の誰々にいつ渡したかを、毎月届く明細書に記載してもらうようにしたりしましょう。

さらに、商品券の購入の仕方にも気をつけてください。期末間近になって、来年も使うし買うのが面倒だからといって、20～30万円分を一度に購入することはやめましょう。

支払利息を必要経費として処理する方法

① 初めての借入で収益マンションを建築し、不動産賃貸業を開業した場合

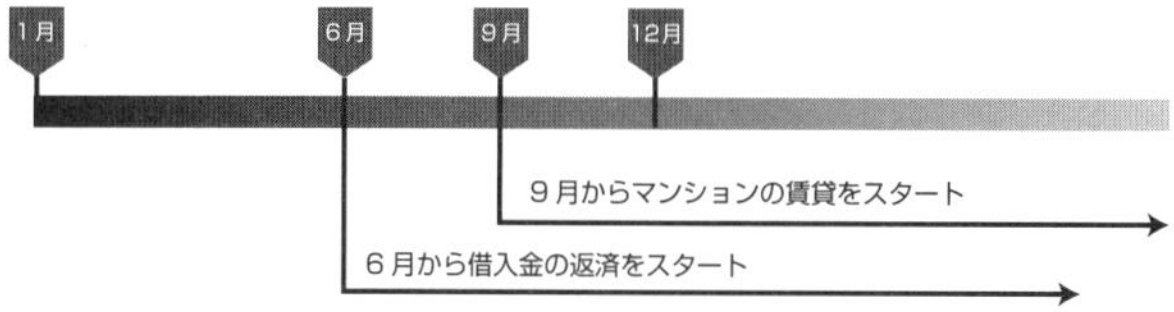

この場合は、開業前の支払利息（6月、7月、8月分）は、建物の取得価額に含めて、減価償却する。9月以降から支払利息は必要経費となる

② 以前から不動産賃貸業を行なっていて、今回新たに借入で物件を建築した場合

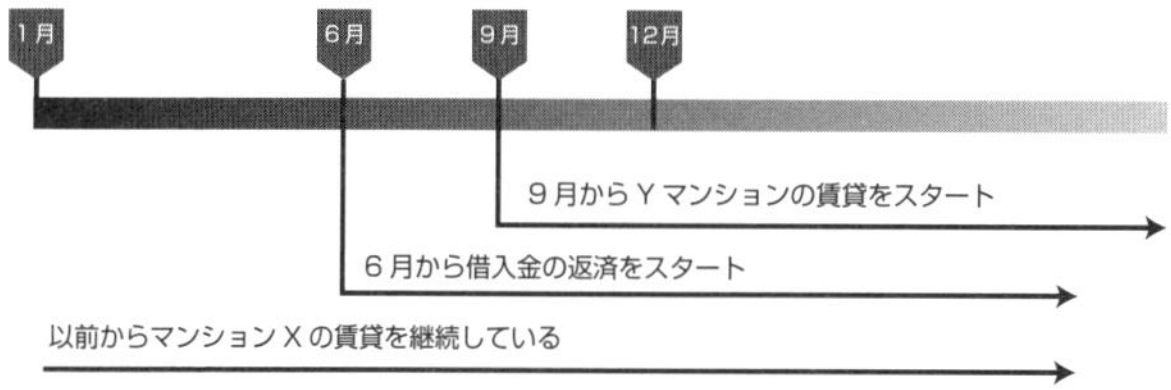

この場合は、以前から不動産賃貸業を行なっているので、「継続」していると考えられるため、6月からの支払利息は必要経費となる

残った商品券は資産計上しなければなりません。なぜなら、使うのは来年なわけですから、来年以降の必要経費となるからです。

期末間近でのまとめ買いをしても節税対策にはなりません。手元のキャッシュが減るだけになってしまうので避けましょう。

◎店子付けの仲介手数料、広告料、管理費も必要経費！

店子付けのために支払った「**仲介手数料**」と「**広告料**」は、必要経費となります。

また、入居してから管理会社へ支払う「**管理費**」や、エレベーターの保守点検や消防点検といった「**建物を維持するための費用**」もすべて必要経費となります。

これらの費用は管理会社から届く明細書に記載されていたり、領収書が送られてきたりしますので、必ず保管しておきましょう。

◎手付金や違約金も必要経費になる（法人の場合）

売買契約時には、買主から売主へ「**手付金**」が支払われます。

もし、売主が契約を解除したい場合には、買主が支払っている手付金の倍額を支払うことで、契約を解除することができます。

一方、買主が契約を解除したい場合には、すでに支払っている手付金を放棄することで契約を解除することができます。

手付金の金額は、およその目安で売買価額の５％～１０００万円とけっこうな金額になりますので、契約が流れた場合は手痛い出費となります。

ところが、じつはこの手付金は「雑損失」という名目で必要経費とみなされているのです。

また、契約後に物件の売主が契約内容にそって手続きをはじめてしまっていた場合には、手付金による契約の解除ができません。

このようなときに契約を解除するには売主に対して「**違約金**」を支払う義務が発生しますが、この違約金についても必要経費として処理ができます。

11

「書籍やセミナー費用」の計上には誤解が多い

不動産の家賃収入に関係あるものしか必要経費として認められない

◎経営本は必要経費にならない

不動産経営に関わる新聞や書籍の購入費は、「**新聞図書費**」として必要経費に計上できます。

誤解が多いのは、新聞や書籍であればなんでも新聞図書費として必要経費にできると考えていることです。

たとえば、新聞は新聞でもスポーツ新聞は不動産経営の収益に関係しませんから、必要経費にはなりません。**大手新聞社の朝刊や、経済系の新聞で不動産関係の情報がしっかりと記載されているものであれば必要経費として認められます。**

また、株やFX関係の書籍は必要経費になりません。株は株の収益に、FXはFXの収益に関係があるものですから、不動産経営の収益に関係ありません。

個人事業主としてではなく、法人名義で大家業をしている代表者が、経営者として経営術を学ぶために経営本を買ったとしても、必要経費になりません。経営本だから法人で買ったら必要経費になるだろうと思っている人がたくさんいますが、経営本は法人で購入してもその内容によります。もちろん不動産経営の本であれば必要経費です。

◎大家さん向けセミナーは必要経費に！　資格取得のセミナーはダメ

世の中にはいろんなセミナーがあります。セミナーの参加費用が必要経費となるかならないかは、その内容が問題です。不動産投資セミナー、空室対策セミナーなど、大家さん向けのセミナーなら参加費は必要経費となります。節税対策セミナー、税務調査対策セミナーといったものも、不動産に関連するので必要経費になります。**これらの費用は「研修費」として処理しましょう。**その際、セミナー参加費の領収書は必ず保管しておくことです。

不動産に関連するものであっても、個人に帰属するようなスキル、個人の資質を高めるような資格などを取得するための費用は必要経費として認められません。

たとえば、インテリアに関するセミナーであっても、それが「入居率がアップする！

大家さんのためのインテリアコーディネートを学ぶセミナー」であれば必要経費となりますが、「入居率がアップする！　インテリアコーディネーターの資格取得のためのセミナー」であれば、これは資格取得のための費用ですから必要経費となりません。

ほかにも、不動産に関係する宅建主任者の資格であっても、不動産投資や不動産賃貸業にはなんの関係もありませんから認められません。

自己管理している物件に行くために車のほうが便利なので、車の免許をとったというときの費用も必要経費になりません。車の免許も個人の資質を高める資格なのでダメです。

不動産投資以外のセミナーの場合でも、法人の場合だと「必要経費」にできる可能性があります。

たとえば、〝デキる経営者の話し方セミナー〟などのセミナーで不動産収益との関連づけが極めて薄いものは、個人では必要経費として認められにくいですが、法人であればこのような内容のものであっても不動産経営に少なからず関係するため、必要経費にできるケースがあります。これは、法人の扱う「必要経費の範囲」のほうが、個人事業主の扱う「必要経費の範囲」より広いためです。

ほかにも、「新規事業開発セミナー」などの経営戦略セミナーは、個人では必要経費とはなりませんが、法人では必要経費となる可能性はあります。

とはいっても、法人でも「モテる男になる恋愛セミナー」はさすがに必要経費にはなりませんので、税務調査の際にきちんと説明できるものに限定しましょう。

また、**法人であっても個人の資格取得費用は必要経費となりません。**法人でやってしまいがちなのが、法人から社員に対して受験費用を支援することです。これは個人の給与となりますし、資格取得の報奨金として社員に一時金を支給しても個人の給与となりますので、その支援分は社員の給与とみなされて源泉所得税の対象となります。

また、セミナー後に行なわれる懇親会や二次会への参加費は、個人であっても法人であっても必要経費になります。「交際費」として処理しましょう。

◎「コンサルティング料」は必要経費になる

不動産の購入や経営に関してコンサルティングを受ける場合も、コンサルティングの内容によりますが必要経費とすることができます。

不動産投資や、空室対策のコンサルティングであれば、個人も法人も必要経費となります。「研修費」や「雑費」で計上しておきましょう。

不動産投資には関係ない一般的な経営コンサルティングの場合は、個人では難しいですが、法人では必要経費にできる可能性はあります。

また、税理士やコンサルタントへの支払いが銀行引き落としで行なわれている場合、契約時の契約書や会則、規約などを保管しておいてください。

「**この会則に会費がこれだけかかると記載してあるので、この引き落としがされている**」ということが証明できれば大丈夫です。

月額の費用をＡＴＭなどから支払ったときの利用控えがない場合でも同じです。

12 不動産経営に関わる「旅費交通費」は必要経費になる

所有物件の確認や新規購入物件の現地確認のための移動費が該当する

◎交通費、宿泊代もきっちり計上しよう

自分の所有物件や購入検討の物件を見に行くための交通費、宿泊代は必要経費になります。

先ほど説明した**セミナーに行くための交通費や宿泊代も必要経費**になります。

さらに、管理会社の営業担当者と打ち合わせをするための移動に要した交通費や宿泊代も必要経費になります。

交通費は、電車賃、タクシー代、バス代、ガソリン代、宿泊費、高速代、駐車場代など、**不動産経営で収入を得るために使った交通費や宿泊代は必要経費になります**ので、「**旅費交通費**」として精算しましょう。そのために領収書は必ず保管してください。

領収書の出ない公共交通機関では、「**旅費精算書**」をつくるようにしましょう。パソコンの表計算ソフトなどを使って、公共交通機関名、出発地、到着地、金額を書けるようなものをつくって管理します。

◎マイカーで移動した場合は注意が必要

車で移動した場合は、マイカーを使ったときだけ注意が必要です。物件を見に行くのに車を使った場合のガソリン代、高速代、駐車場代は必要経費となりますので、領収書を保管して「旅費交通費」もしくは「車両費」で計上しましょう。

その際、ガソリン代だけが明確にプライベートと分けることが難しいので、合理的な基準で按分することをお勧めします（くわしくは86～87ページを参照してください）。

法人の場合には、法人名義の車を使っていれば問題ありません。

◎旅行が必要経費で認められるのは、従業員がいっしょのとき

奥さんと2人で観光旅行に行ったときや、家族で旅行に行った場合の旅費は、当然のことながら必要経費になりません。

ところが、**観光旅費であっても、あなたが従業員を雇っていて、従業員の50％以上が**

参加した旅行であれば慰安旅行となり、「福利厚生費」として必要経費になります（ただし、従業員が配偶者や子ども、親の場合などは対象外）。

もし慰安旅行に行ったときには、**旅程表はもとより、参加者全員の記念写真を撮るなどして証拠を残す**ようにしましょう。

費用などの目安ですが、国内外で4泊までなら、一般的に必要経費と認められています。宿泊代は1人1泊2～3万円くらいが相当額です。通常のツアーで組まれているような金額であれば問題ありません。これが1人1泊10万円のスイートに泊まるとなると、税務調査のときにおかしいと突っ込まれるでしょう。

また、旅行に行かなかった従業員に、あとから旅費相当分のお金を支給すると、これは「給与」となりますので、源泉所得税の対象となります。ご注意ください。

13 誤解が多い「自動車」に関係する必要経費

マイカー使用の場合は、全額は必要経費にならない

◎自動車に関する費用は認められやすい

不動産賃貸業を営んでいると、所有する物件を見に行ったり、管理会社の営業と打ち合わせるために、自動車を使うケースがたくさんあります。

そのため、不動産賃貸業では、自動車に関係する費用は必要経費として認められやすいものになります。

自動車に関係する費用としては、**ガソリン代、オイル料金、高速代、駐車場代、洗車代といった移動費や維持費に関係するものから、自動車税、自動車保険料、自動車修理代、車検費用といった法定費用まで、幅広く必要経費として認められます。**

処理の仕方は「車両費」として計上してもよいですし、車両費科目を使用せず、たとえば自動車税は「租税公課」、保険は「保険料」というように処理することも可能です。

また、**ガソリンは、ハイオクでもレギュラーでも軽油でも関係なく必要経費**となり、「旅

費交通費」「消耗品費」の勘定科目を用いて処理してもかまいません。

ただし、**「一度用いた勘定科目は変更せずに処理する」**という会計の基本は守ってください。

マイカーを事業用として使用している場合は、先ほど交通費のところで説明したとおりです（74ページ）。プライベート分は必要経費になりませんので、ガソリン代のように事業用とプライベート用をはっきりと分けることができない費用は、合理的な基準で按分して事業用の分だけを必要経費としましょう（86～87ページ）。

◎「駐禁のレッカー移動代」や「レッカー後の保管代金」は必要経費

自動車に関して多い疑問が、**「交通違反の罰則金」**に関してです。**スピード違反**や**駐車違反の罰金**は、たとえ不動産賃貸業のための移動中に起こったとしても必要経費にはなりません。

ただし、「駐禁でのレッカー移動代」と「レッカー後の保管代金」は罰金には該当しませんので、不動産賃貸業を遂行中に発生したのであれば必要経費になります。

14 「交際費」に関する必要経費のポイント

誰と食べたかが分かれ目

◎管理会社の営業担当者と食べたときは必要経費になる

購入しようと検討している物件や所有物件を見に行ったときに、お昼ご飯（あるいは晩ご飯）を食べたとします。このときの食事代が、誰と一緒に食べたかによって必要経費となったりならなかったりします。

- ・1人で食べたとき……必要経費にならない
- ・奥さんと2人で食べたとき……必要経費にならない
- ・友達と食べたとき……必要経費にならない
- ・管理会社の営業担当者と食べたとき……**必要経費になる（交際費）**

管理会社の営業担当者など、不動産賃貸業の関係者と打ち合わせをすれば、そのときの飲食代は「**会議費**」や「**交際費**」として必要経費にできます。たとえ夜中に居酒屋で飲んで歌ったとしても、「交際費」として計上できます。

従業員と夜遅くまで打ち合わせして、夜食を食べたとしても必要経費になりますので、「**打ち合わせ議事録**」を残しておきましょう。

残念に思うかもしれませんが、個人事業主で、奥さんや家族が従業員だとしても、夜遅くまで管理物件に関する打ち合わせをしたときに食べた夜食は必要経費にできません（法人であれば、可能なケースもあります）。

◎領収書に誰と食べたかを記入する

ポイントは、飲食代の領収書には誰と食べたかを記入しておくことです。

相手の名前が書いてあれば、指摘を受けたとしても「この人にちょっと問い合わせしていいですか？」と税務署から確認を求められたときに、「はい、どうぞ」と答えればいいだけです。

書いていないと必要経費としての疑義《ぎぎ》が生じてしまって「社長さん（大家さん）の個人の支出ですよね？」と言われてしまったりします。

◎法人の交際費には注意が必要

また、法人の交際費は要注意です。

なぜなら、**会社の資本金額に応じて次のように定められているから**です。

資本金1億円以下　……　1年間の交際費支出額（上限600万円）×90％（平成26年3月31日まで）

資本金1億円超　……　ゼロ（損金算入される金額はありません）

資本金が1億円を超える会社については、交際費はまったく損金に算入されません。

つまり必要経費として認められないのです。

本書を手にしてくださっている大家さんのみなさんは、資本金が1億円以下の規模の方が多いと思いますが、**1年間で、「交際費」として認められる上限は600万円まで**とされていて、しかもそのうちの10％は必要経費として認めてもらえません。

たとえば、600万円を交際費として計上した場合は、そのうちの10％の60万円は必要経費として認められませんので、540万円（600万円－60万円）だけが必要経費として認められます。同じく、500万円を交際費として計上した場合は、そのうちの10％の50万円は必要経費として認められませんので、450万円（500万円－50万円）だけが必要経費として認められることになるのです。

例外は1人あたり5000円以下の飲食費です（資本金1億円以下）。これは交際費なのですが、一定の条件のもとで全額必要経費とできます（平成26年3月31日までの間に開始する事業年度まで）。

一定の条件とは、相手先名称、氏名、飲食店の名称、住所、電話番号などを記載した書類を領収書以外に備え付けることです。

ですから、**飲食費をすべて「交際費」で計上するのではなく、内容を検討した上で「会議費」などの勘定科目に分けて計上したり、「特定交際費」として管理したりすることで、全額損金**にしてしまいましょう。

わたしがお勧めする方法は、「会議費」と「交際費」に社内規定を設けてもらい、それに基づいて判断することです。

15 節税は、不動産購入前から始めなさい！

物件購入前の支出も必要経費になる

◎開業前の請求書、納品書、領収書は必ず保管する

不動産投資の税金対策は、物件購入前から始まっています。不動産投資物件を購入するまでに、収益不動産に関する書物で勉強されている人や、セミナーに参加した人もいるでしょう。物件調査のために東京から北海道に物件を見に行った人や、大阪から福岡に物件を見に行った人など、いろんな人がいるでしょう。

これらの支出は、立派な「必要経費」です。事業開始時には「**開業費**」として将来の必要経費に計上できます。

それを知らずに、領収書を捨ててしまい、自分のポケットマネーから出してしまっている人がたくさんいます。これは本当にもったいないです。

不動産投資のセミナーに参加したり、不動産投資に関する書籍を購入したりしたときは、必ず領収書を残しておきましょう。

領収書をもらっていない場合は再発行をお願いすることです。再発行してもらえない場合には、旅費精算書、出金伝票等による支払い証明、スケジュール帳など、自己証明ができるような書類を用意し、尋ねられても、「これは何のために使った費用であるか」をきちんと説明できるようにしておいてください。

税務調査があったときに、「この費用について領収書を見せてください」と言われますので、そのときに説明できるような記録を残しておくことです。

開業してからの費用についてもいえることですが、必要経費の根拠となる、いわゆる〝原始記録〟といわれる領収書や請求書を保管しておく必要があります。

よくあるのが、感熱紙の領収書やレシートの保管がずさんなために、記載内容が消えてしまうことです。**感熱紙は、太陽の光に当たると消えてしまいます。消えてしまうと領収書として裏付けができなくなりますので、太陽光線が当たらないように半分に折り曲げるなど、保存状態をよくしておいてください。**

◎領収書がない場合もＯＫ！　支払いの根拠となる書類をプリントアウトして保管

インターネットで購入した場合など、領収書がない場合でも必要経費にできます。

相手先とやり取りしたメール内容をプリントアウトし、明細とともに保管しておけば問題ありません。

何かしらの根拠となる書類が保存されていて、調査官に聞かれたときに、これは「何のための支払いなのか」を説明できればいいのです。

たとえば**現金ではなくクレジットカードで購入した場合**であれば、クレジット会社から発行されるカード明細と、クレジットカードの領収書をその明細とともに保管しておいてください。

代金引換で購入した場合には、宅配業者が発行する領収書を受け取ります。店側に領収書の発行をお願いすると重複発行となるため断られます。再発行は宅配業者に依頼しましょう。

銀行振込で購入した場合、銀行振込明細を保管してください。**ネットバンク**から支払ったのであれば、振込画面を印刷しておけばＯＫです。

会費などを銀行引落しで支払っている場合は、**口座引落し**の会費については、通常はその会への入会時に会則や規約などがあるのでそれを保存しておいてください。「この**会則に会費がこれだけかかると記載してあるので、この引落しがされている**」ということが証明できれば大丈夫です。

会費を銀行振込した場合や、**ＡＴＭなどのご利用控えがない場合**でも、同じです。

◎まだまだこんなにある開業費！　もれなく計上しよう

開業費として計上できる期間は、基本的に不動産投資をしようと決心して、何からの行動をとったときから開業するまでの間です。

とはいえ10年前の支出を開業費として計上することは難しいです。一般的には最大で2～3年前ぐらいが妥当な範囲です。

また、**その間の自宅の光熱費、固定電話代、インターネット代、携帯電話代なども、プライベートの分と按分すれば開業費とできます。**

物件を探す際に、不動産会社に持って行った手土産の代金、不動産投資セミナーに参加した支出だけでなく、会場までの交通費や物件を現地に確認に行ったときの交通費なども開業費となります。物件を見に行ったときの食事代は該当しませんが、その食事を仲介業者などと打ち合わせをしながらの食事代は開業費になります。そのときの領収書には、誰と食べたかを明記しておきましょう。

16

税務調査で否認されにくい「必要経費の按分方法」

事業用を10～20％で経費処理する

◎なるべくつつかれない按分方法で

法人でなく、個人事業として大家さんをしている場合、自宅と事務所を兼用にしていたり、プライベート用の車を事業でも使用していたりするでしょう。

そのような場合、自宅部分の水道光熱費、電話代、インターネットなどの通信費やガソリン代を必要経費にすることはできません。

だからといって、これらを自宅用と事業用とにはっきりと分けて、事業用に使用した分だけを必要経費とする手段がありません。たとえば、

「事業用しか使わない部屋を用意して、電球やエアコンなどの電気量を調べる」
「事業用しか使わないパソコンを用意して、その使用電気量を調べる」
「事業用しか使わない携帯電話を用意する」
「事業用しか使わない車を用意する」

なんてことを、一つひとつやっていられません。

そこで**判断がつかない場合には、事業用は10～20%として、経費処理**をしてしまいましょう。

これは、事業用を50%にすると問題があって、10%なら問題がない、というわけではありません。50%だと指摘を受けるかと言われれば、確率としては五分五分ですが、つつかれやすい状況であることは事実です。

私の按分方法の考え方の一つに、次のようなものがあります。サラリーマン大家さんが活動できるのはほとんどが休日でしょう。

そうであれば、一週間あるうちの土日が活動日として週だと2日、月にすると通常8日あることになります。1カ月は30日として、「8日÷30日≒26・6%」。したがって、25%を事業用として按分する根拠に使用することもあります。

また、よく**面積で按分される人もいますが、光熱費の場合は面積で按分する根拠が薄いので、お勧めしません**（たとえば4ＬＤＫの1部屋を事務所として使っているから、すべてをその比率で按分してしまうようなケースです）。

第3章

知っていれば得をする！「法人化」の節税テクニック

得

17 いつがいい？ 節税につながる法人化のタイミング

法人化の時期は慎重に決める

◎あなたが社長で奥さんが役員の2名会社が大家さんの基本型

不動産経営の節税で切っても切り離せないのが、法人化（法人設立）です。法人を設立するということは、あなたの株式会社をつくることです。あなたが社長で奥様が役員です。

一昔前までは、法人設立は大事《おおごと》でした。特に株式会社を設立するには、最低でも1000万円の資本金が必要でした。ところが会社法が改正された平成18年以降は、資本金1円でも株式会社を設立できるようになりました。ですから会社員であっても専業主婦であっても、法人を設立することは容易になったのです。

◎個人の課税所得が2600万円以上になったときが目安

不動産賃貸業を行なっている大家さんから最も多い質問が、「いつ法人を設立したほうがいいのか？」ということです。

一概にいつからとはっきりいうことはできませんが、あくまでも目安として、**不動産オーナーとしての個人の課税所得が2600万円以上**になれば、法人設立を考えてもよいでしょう（92ページ図参照）。

個人と法人の課税額を比較する目安として、「実効税率」を参考にしてみます。実効税率とは、税額を課税所得で割ったもので、所得に対して何％の税金を支払うかがわかるものです。すると、個人としての所得金額が２４００万円から２６００万円くらいになると、法人の実効税率の38％を超えてきます。

ただし、くり返しますが、これはあくまで目安です。

なぜならば、法人には、個人にはないメリットがたくさんある一方、デメリットもあるからです。そのデメリットを考えると、法人設立の時期は個人個人の状況によって判断しなければなりません。

そのためにも、まずは法人設立のメリット、デメリットにはどんなものがあるのか、知る必要があります。次項から説明していきましょう。

■ 法人化のタイミングはいつがいい？

個人の実効税率（＝税額／課税所得）

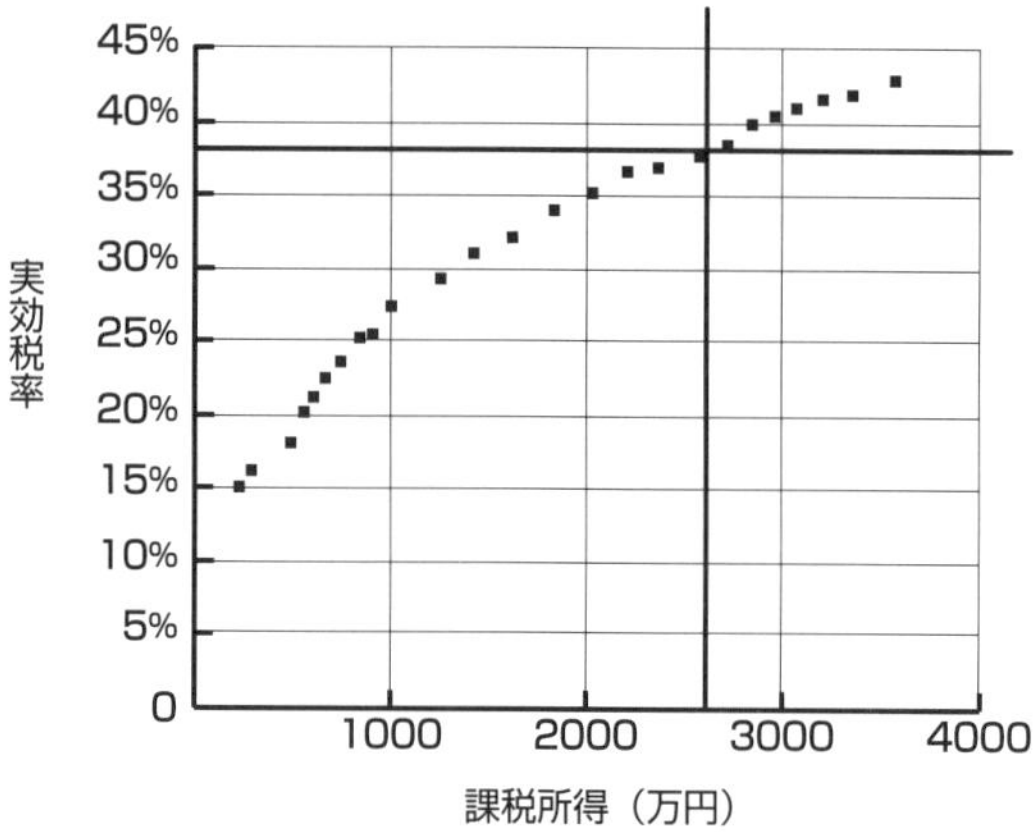

法人の実効税率 38%

個人の課税所得が
2600 万円以上になったら、
法人の方が税率で有利になる

18 法人化には、こんなにメリットがあるんです！

法人の行なった行為は、ほぼすべて必要経費になる

◎法人のほうが認められる必要経費の範囲が広い

まず基本的なことですが、法人の不動産所得は、不動産収入である家賃や礼金から、「損金」である法人税法上の必要経費を差し引いて計算されます。

法人の不動産所得 ＝ 不動産収入 － 損金

そして必要経費の大前提は、個人と法人とで異なります。

「個人の必要経費」とは、収益を生むために「必要」であった出費を指しますが、「**法人の必要経費（損金）」とは、法人が行なった行為ほぼすべて**です。つまり、法人のほうが個人よりも必要経費化できる範囲が広いのです。なお、法人税の対象となる支出（損金不算入）があるので注意してください（114ページ参照）。

この典型が「生命保険」です。個人の場合は、年間で20万円の掛金の保険であっても50万円の掛金であっても、「所得控除」として節税できる金額は12万円までと上限が決まっています。

ところが**法人であれば、保険の種類によっては支払った掛け金の全額を必要経費として処理することが可能**なのです。

◎生命保険を必要経費にする際の注意点

ここで少し脱線して、生命保険を必要経費にする際の注意点について、お話ししましょう。

たとえば、代表取締役がすでに個人で生命保険に加入しているので、あらたに取締役となった奥様を生命保険に加入させて、それを法人の必要経費として計上する人がいます。

しかし、会社が一番困るのは、代表取締役に何かあった場合です。

たとえば、借入金の保証は誰がするかといえば、代表者です。「代表取締役がいなくなるリスクを保障する」という形でリスクヘッジするわけです。そのように考えますと、代表者より先に他の役員が加入することは得策とはいえませんし、税務調査で指摘される可能性が十分あるでしょう。

そのため、まずは、法人として代表者に保険をかけることをお勧めします。

◎法人化のメリットはこんなにある

不動産賃貸業において、法人化をするメリットには次のようなものがあります。

①必要経費の範囲が個人事業の場合より広い（↓93ページ）
②役員報酬を必要経費にできる（↓96ページ）
③退職金を積み立てながら節税できる（↓１０４ページ）
④出張費が日当として計上できる（↓１０６ページ）
⑤物件売却時に売却損が出ても損しない（↓１１２ページ）
⑥自宅を社宅にして、賃料の一部を会社の必要経費にできる（↓１１２ページ）

次項から一つずつ見ていきましょう。

19
法人だと、「役員報酬」を使った節税が可能

役員報酬と退職金を使った節税テクニック

◎法人であれば役員報酬がもらえる

法人の場合、「役員報酬」を使った節税ができます。

個人事業の場合、事業主のあなたには給与を支払うことができません。なぜなら、個人事業主が営む不動産賃貸業で得た所得は、そのままあなた自身の所得となってしまうからです。だから、給与を支払うという概念自体がそもそもないのです。

法人であればあなたは役員という立場で、あなた自身に「役員報酬」として給与を支払うことができます。そして奥さんには取締役として役員になってもらい、役員報酬として給与を支払います。

個人では支給できる範囲に限界があります。このあと5章で紹介する「青色事業専従者給与」（213ページ）のことですが、法人にはこのような考え方はありませんし、届出も必要ありません。

■ 個人の給与も課税対象になるので注意

■ 個人事業者の場合

■ 法人の場合

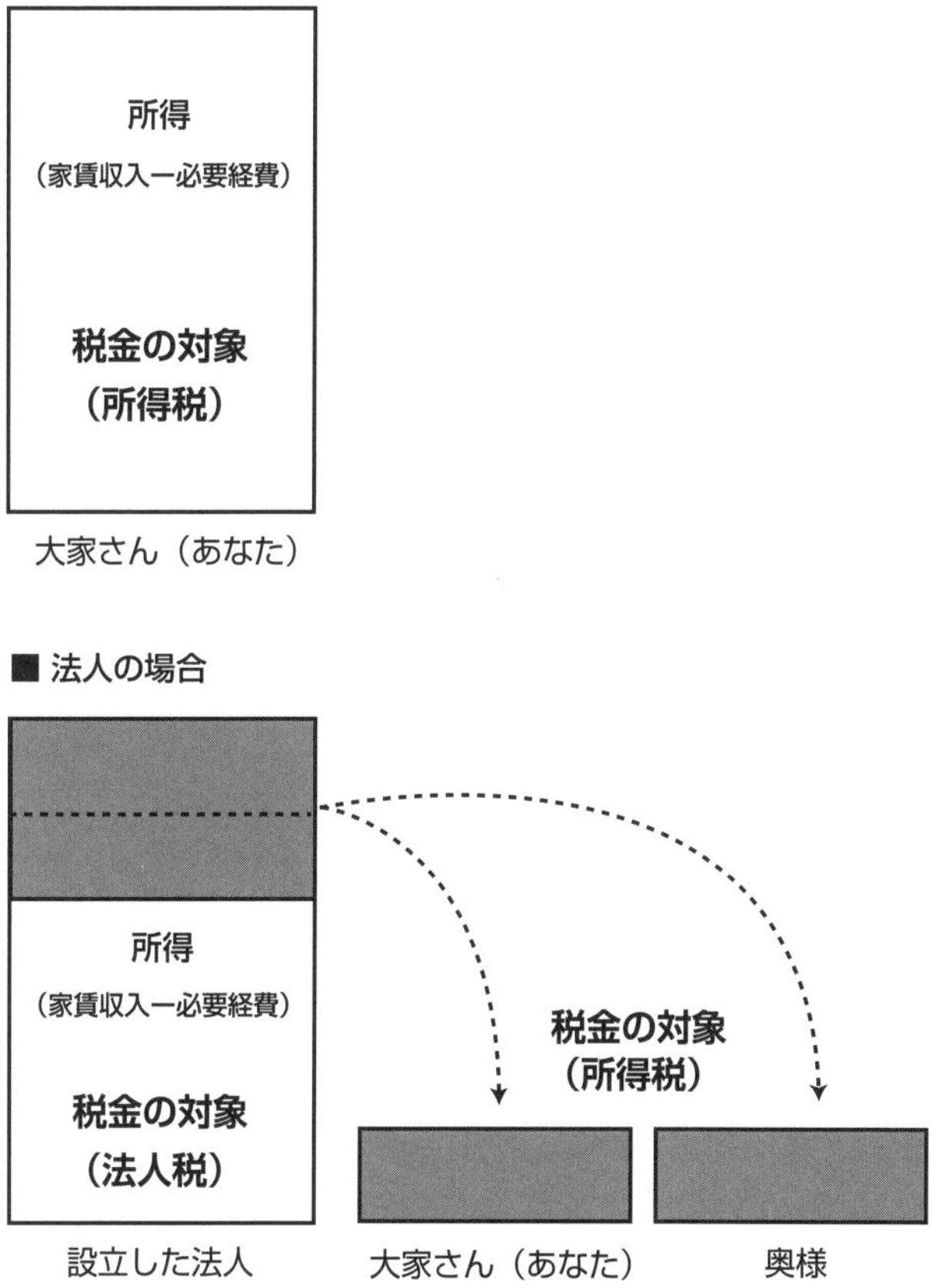

家族全体の収入のバランスを考えて、収入が特定の人に偏らないように分散できます。要は自分で自由に給与の値段を決めることができるのです。

役員報酬として支払われた給与は、法人の「損金」になりますから、その分の納税額が引き下げられます。つまり、節税につながるのです。

また、あなたと奥さんにとっては「給与所得」となるため、個人としての「所得税」と「住民税」の支払いが発生します（97ページ）。しかし、「**給与所得控除**」という所得控除を差し引けるため、その分を節税できることになります。

ただし、高額所得（復興税制を含めた現行では、年収が2600万円程度）になった場合には税率の逆転があるので注意してください（90ページ参照）。

◎給与所得には「給与所得控除」が使える

ここで簡単に「給与所得控除」について説明しましょう。

給与所得控除とは、〝会社員にとっての必要経費〟のようなもので、収入に応じてあらかじめ決められています（99ページ）。

■ 給与所得控除額の一覧（平成25年分以後）

給料 （給与所得の源泉徴収票の支払金額）	給与所得控除額
180万円以下の場合	収入金額 × 40% （65万円に満たない場合には65万円）
180万円を超え360万円以下の場合	収入金額 × 30% ＋ 18万円
360万円を超え660万円以下の場合	収入金額 × 20% ＋ 54万円
660万円を超え1000万円以下の場合	収入金額 × 10% ＋ 120万円
1000万円を超え1500万円以下の場合	収入金額 ×5% ＋ 170万円
1500万円を超える場合	一律245万円

個人事業であれば、家賃収入から必要経費を差し引いたものが「不動産所得」となり、その所得が所得税の課税対象となります。

これが法人になると、家賃収入から必要経費を差し引くことは同じですが、その必要経費には「自分に支払う給与（役員報酬）」を入れることができます。さらに自分が受け取る際には、「給与所得控除」を差し引くことができます。

法人としては給与を必要経費にできる点が節税となり、そして自分が受け取る給与からは「給与所得控除」を差し引くことができるので、二重に節税できることになります。

自分が法人から受け取る給与所得は、収入額から「給与所得控除」を差し引いた額になりますが、さらにそこから、「所得控除」を差し引いて、所得税の課税対象金額が決まります。

所得控除には、配偶者控除、扶養控除、社会保険料控除、医療費控除、障害者控除など、14種類の所得控除があります。

該当するものがあれば、給与所得から差し引けますので、くわしくは国税庁のホームページや確定申告について解説された書籍などを参考にしてください。

◎「退職金」も必要経費になる

退職金の場合は、どうでしょうか？

個人事業の場合、自分や家族従業員に退職金を支払っても、必要経費にはなりません。個人の場合には、原則として家族には給与を支給できないからです（唯一の例外が、「青色事業専従者給与」の制度）。

これが、**法人の場合だと、代表取締役であるあなたや家族従業員に退職金を支払うことが可能となり、しかも支払った退職金は全額「損金」となる**のです。結果として節税につながります。

退職金は「**退職所得**」という種類の所得になるのですが、この所得は役員報酬などの所得と違って、「**退職所得控除**」という金額の大きな所得控除を差し引くことができるので、「所得税」の税負担が軽減されます。

また、退職金は他の所得と分離して所得税額を計算する「**分離課税**」（他の所得と合算せずに課税することで、税率が低く抑えられることが多い）なので、さらに節税効果が高くなります。退職金として認められる金額に制限はありますが、その範囲内で最大限に支給することは、節税につながります。

「退職金額」は一般的に、退任時の最終月額報酬に在職年数と功績倍率をかけて計算します。代表取締役であれば功績倍率は3倍、役員であれば2倍が一つの目安です。

その退職金額から、「退職所得控除額」を差し引いた額の半額が、「退職所得」になります。この退職所得に所得税と住民税が課税されます。

退職所得 ＝ （退職金の収入金額 － 勤続年数に応じて計算した「退職所得控除額」）÷2

退職所得控除額は、以下の計算式で求めます。

勤続年数	退職所得控除額
20年以下	40万円 × 勤続年数（80万円に満たない場合には、一律80万円）
20年超	800万円 ＋ 70万円 ×（勤続年数 － 20年）

たとえば、勤続25年で退職金が2100万円とすると、その退職金に対して課せられ

る所得税は、たったの52万円程度で済みます。

２１００万円－（８００万円＋70万円×（25年－20年））＝９５０万円
９５０万円÷２＝４７５万円（退職所得）

退職所得４７５万円に対して、所得税と同様にあらかじめ定められた税率と控除額を差し引いて納税額を計算すると

４７５万円× 税率20％ －控除額 42万７５００円 ＝ 52万２５００円
※この場合の所得税率は40％

同じ金額であっても役員報酬として年収２１００万円をもらう場合の「所得税」は、少なくとも４６２万円（（２１００万円－給与所得控除額２４５万円）×税率40％－税額控除額２７９・６万円＝４６２・４万円）にはなるでしょう。

20 コレで、「退職金」を積み立てながら節税できる

「小規模企業共済」を使った節税方法

◎場合によっては、1000万円近くの節税効果がある

あなたは、**「小規模企業共済」**という制度をご存じですか？　これは、従業員が20名以下の個人事業主か会社役員のみしか入ることができます、簡単にいうと国がつくった事業主向けの退職金制度です。

この小規模企業共済は、節税効果が絶大です。なぜなら、**毎月の掛金が全額「所得控除」（100ページ）されるだけでなく、その支払った額は定期預金のように積み立てられ、事業を辞めたときや満65歳になったときに退職金として受け取れる**からです。もちろん退職金として受け取れば、前述の「所得税の軽減措置」を適用できます（101ページ）。

掛け金は月額1千円から7万円までの間で自由に設定できます。上限の月額7万円ですと、年間で84万円（7万円×12カ月）を控除しつつ、84万円を毎年積み立てていき、退職金としてほぼ100％戻ってくるのです。

　これが、どのくらいの節税効果があるのかを簡単に説明しましょう。

　仮に税率50％で「所得税」と「住民税」を支払うとします。小規模企業共済に加入し、年間84万円の掛金を支払ったとすると、84万円×50％＝42万円となり、毎年これだけ税金が減ることになります。

　さらに勤続年数25年で退職するとすれば、84万円×25年＝２１００万円が25年間で積み立てられ、これが全額退職金として支払われることになります。その「退職金に対する所得税」を計算すると、52万２５００円となります（１０３ページ）。

　25年の間に、42万円×25年間＝１０５０万円の節税ができるうえに、「退職金に対する所得税と住民税を合計した99万７５００円を支払ったとしても、１０５０万円－99万７５００円＝９５０万２５００円も節税できたことになります。

　そしてこの共済は、資金不足で困ったときに、掛け金の範囲内で貸付を受けることができます。**節税もできて必要なときに引き出せる、本当に便利な制度**です。

　ただし、この共済は個人事業主でも会社員は加入できませんので、サラリーマン大家さんは加入できません。法人を設立して役員となれば加入できて、個人の必要経費として認められます。これも法人設立のメリットの一つといえるでしょう。

21

合法的裏技！ 非課税のお小遣いをゲットする方法

「旅費規程」をしっかり定めれば可能

◎法人では、日当の全額が必要経費として認められる

個人では、宿泊代は実費のみが必要経費になります。

たとえば、1泊7000円のホテルに泊まれば、7000円の領収書をもらい、その7000円分が必要経費になります。

しかし、法人の場合は少し違います。

あなたが勤め先の会社で出張に行ったときを思い出してください。一定額の日当と宿泊費を会社からもらいませんでしたか？

たとえば、1泊2日の出張で1万円の宿泊代を会社からもらうとして、1泊7000円のホテルに泊まっても、会社に差額の3000円を返金しませんよね？　そして、その3000円に対する「所得税」を支払う（所得税を源泉される）会社員もいません。

日当をもらっても、それは**非課税**なのです。

これは、**法人では日当が「旅費規程」により定められているから**なのです。そしてこの費用は、**全額が必要経費**として認められます。必要経費として認められるということは、その分損金に算入できます。すなわち、税金の額を少なくできます。

日当をもらった従業員にとっても、差額が出た場合には非課税のちょっとしたお小遣いになるというカラクリです。

法人を設立したら、まずは旅費規程を作成するというくらい、節税効果の高いものなのです。

では、どれくらい節税できるのか、具体例を見てみましょう。

あなたは社長で、大阪から東京への移動に新幹線を利用して、1泊2日の日程で出張をします。往復の新幹線チケットは、チケットショップで2万6000円の乗車券を購入しました。宿泊はビジネスホテルに泊まって1泊1万円とします。

あなたが個人事業主の場合は、2万6000円＋1万円＝3万6000円の実費だけが必要経費となります。

これに対して法人を設立し、旅費規程で代表取締役の宿泊代は2万円、出張日当が1

日当たり1万円、往復「のぞみ」のグリーン車を使用すると設定している場合は、法人からあなたに支給されるのは、新幹線代往復（東京－新大阪）3万7380円、宿泊費2万円、出張日当2日分の2万円となり、合計7万7380円となります。これが法人としては全額損金となります。

実費との差額は4万1380円となり、その金額があなたのポケットに入ってきます。さらにこの差額に対しては、「所得税」や「住民税」はかかりません。

もちろん、だからといって、あまりにも現実的でない高額の日当を規定することは問題になります。

個人では実費だけが必要経費になるだけなのに、**法人で旅費規程をつくれば、法人の必要経費も増え、その分、税金の納税額も少なくなります。**結果として、あなたのもとに残るお金も増えるのです。

あなたが1年に2～3回しか出張しないのであれば大した金額にはなりませんが、もしも遠方への出張が年間で100日くらいあるという場合には、日当だけでも100万円が課税されずにもらえるわけです。

個人であればこの100万円は利益として残ったままですから、最大で50％の税率が課せられると、50万円の税金を納める義務が発生するわけです。

◎旅費規程の作成ポイント

旅費規程は顧問税理士に頼めばつくってくれますので、打ち合わせをして決めましょう。決めるべきことは、次のようなことです。

①日当の金額（日帰り、宿泊別に決める、さらに役職別でも決める）
②会社から何ｋｍ以上の移動を出張というのか
③グリーン車、ビジネスクラスの使用の可否（役職別に）

悩むのが日当の相場ですが、日当の金額について税法上の決まりはありません。一般常識的な金額を設定します。

ただし、1日10万、20万円という額は認められません。**社長であれば2～3万円、役員で1～2万円、一般の従業員で5000～1万円くらいが相場**です。

111ページに旅費規程の見本を掲載しましたので、ご参照ください。

◎「カラ出張」と疑われないためにも領収書は残す

ホテルや新幹線、航空運賃の領収書は、実費精算でない場合でも残しておきましょう。なぜなら、税務調査があった場合は、必ずと言っていいほど「カラ出張」がないかを見られます。

カラ出張ではないことの証明として、発行できる領収書は発行してもらい、保管するようにしましょう。

出張に行った際は「**出張旅費精算書**」という報告書を保存する必要があります。

書式は税法では決まっていませんが、「**いつ行ったか**」、「**どこに行ったか**」、「**誰と会ったか**」、「**どんな内容の打ち合わせをしたか**」などを記載し、航空券や新幹線、ホテルの領収書を裏に貼り付けておけばよいでしょう。

■ 旅費規程のサンプル

■ 国内出張旅費規程

第１条　（目的）
この規程は、役員・従業員が社命により国内出張する場合の手続きおよび旅費に関する事項を定める。

第２条　（出張の区分）
出張は、日帰り出張と宿泊出張の２種類とする。
2. 日帰り出張とは、勤務地より 50km 以上の地域で、出発の当日帰着できるものをいう。
3. 宿泊出張とは、宿泊を要するものをいう。

第３条　（出張の経路）
出張の経路は、最も合理的かつ経済的な経路を選択することとする。ただし、特別の事由がある場合は、この限りでない。

第４条　（旅費の種類）
旅費の種類は、次の定めるところによる。
1．交通費
2．宿泊料
3．日当

第５条　（交通費）
出張における交通費は、次の表のとおり支給する。ただし、特別の事由により、上位クラス等級の交通機関を利用する場合は、領収書により実費を支給する。

資格区分	鉄道料金	航空機	車・バス・タクシー
取締役	×××	××××	×××
社員			

第６条　（宿泊料および日当）
宿泊料および日当は、出張日数、宿泊日数に応じて次に定める定額を支給する。

資格区分	日帰り日当	宿泊日当	宿泊料
取締役	×××	××××	×××
社員			

2．宿泊先が会社所有施設あるいは従業員の縁故先となる場合は、所定の宿泊料の３割を支給する。
3．宿泊料を会社が負担した場合および宿泊料込みの研修会等に参加した場合は、宿泊料を支給しない。

以下、省略

22 まだまだある！ 法人化のオイシイ話

「売却損」「社宅の賃料」などを必要経費に計上できる

◎物件売却時に「売却損」が出ても損しない

あなたの所有する物件を売却したときに「**売却損**」が出たとします。その場合、個人事業主は「分離課税」となるので、不動産所得と相殺することができずに、損が出たら損しただけで終わりです。

しかし法人の場合は、売却損を損金として計上することで、利益を減らすことができます。その分、課税所得が減り、納税額も少なくなります。

◎自宅を社宅にすれば、賃料の50％程度が会社の必要経費に!?

個人事業では、自宅と事務所を兼用している場合は、プライベート部分と按分して、事務所部分の賃料だけが必要経費として計上できます。

ただ、自宅とは別に事業用の事務所を借りているようなときには、事務所の賃料は当然必要経費になりますが、事業に使用していない居住専用の自宅賃料は必要経費として認められません。

しかし、法人の場合には事業とはまったく無関係な居住専用の自宅の家賃も、その50%程度を法人の必要経費にすることができます。これを「**社宅制度**」といいます。

現在、個人で賃借している住宅を法人との賃貸借契約に切り替えます。そして法人は社宅として、毎月賃貸人に賃料を支払います。

一方で、役員はその賃料の50%程度を「**社宅賃料負担金**」として法人に支払います。したがって、実質的に賃料の50%程度を法人の必要経費とすることができるのです。社宅制度ですので、役員、従業員に関係なく適用しなければなりません。

法人としては役員が住む賃貸物件について、その賃料の50%程度を必要経費にして利益の圧縮が図れ、また役員個人としても家賃相場の50%程度で住むことができるというメリットがあります。

さて、これまで法人化のメリットについてお話ししてきました。メリットがあれば当然デメリットがあります。次は、法人化のデメリットについて説明しましょう。

23 知らないと怖い！ 法人化のデメリット

「損金不算入」「法人住民税の均等割り」など負担も大きい

◎法人でも必要経費にならない「損金不算入」とは？

法人が行なった賃貸業務やそれに附随する経済活動は、すべて法人が行なったものとして損益に影響をおよぼします。ところが、法人税を計算する上で、法人が使った費用をなんでもかんでも必要経費としてしまうと税金を取りそびれることになる、そう国は考えました。

そこで、法人の必要経費の考え方に一定の制限を加えることにしました。

どういうことかというと、法人税を計算するときに必要経費として収入から差し引ける部分（**損金算入**）と差し引けない部分（**損金不算入**）をつくったのです。

損金算入されない支出の代表的なものとして「交際費」があります。**資本金1億円以下の法人では、600万円までの「交際費」は、その10％は損金と認められません。**

たとえば、不動産収入が1000万円、「修繕費」などの必要経費が400万円、「交際費」が６００万円だったとしましょう。

本来であれば、１０００万円－４００万円－６００万円＝０円で、利益は０円です。

しかし、交際費の10％は「損金不算入」ですので、60万円（６００万円×10％）が必要経費として認められません。

よって、会社の損益計算書は利益０円となっているにもかかわらず、60万円は利益と見なされ、この金額に税金がかかるのです。

節税を考えるのであれば、法人の場合は「経費を増やす」のではなく、「損金を増やす」ことがポイントとなります。**経費（会計上の経費）と損金（法人税法上、経費として扱えるもの）を使い分けている人は少ないのですが、ここが大事なポイント**です。

個人の場合、「所得税」は、必要経費にならないものは申告書に計上しなければいいのですが、法人の場合は、行なった行為すべてを帳簿に記載する必要があります。

そのため、「法人税」を計算する際には常に必要経費となるかならないかを意識しておかなければなりません。

その代表的なものが、「交際費の６００万円までは、10％が損金不算入」であることなのです。

◎会社の維持に費用と手間がかかる

法人の場合、「法人住民税」がかかります。

この**「法人住民税」には「均等割」という部分があります。**

「法人住民税」の均等割とは、法人の住民税が所得額に応じて納税額が決まるのとは異なり、**所得がなくても法人が存在するだけで課せられる税金の部分のことです。**都道府県と市区町村のそれぞれに課せられます。

ちなみにこの「法人住民税」ですが、原則は一律ですが、その地方公共団体で独自に一定の範囲内で変えることができます。たとえば、都道府県の均等割は原則として1事業年度あたり2万円ですが、都道府県によっては2万円を超える金額となっていることもあります。

また、その地域ごとに独自の条例を設定し、税制上優遇措置を講じているところもあります。この確認を怠ると、本来であれば不動産賃貸業に関連する優遇税制を受けられるエリアであるのに、それを見落としてしまうと損をすることになりかねないので、私たち税理士も少々気を遣うところです。

また、法人ではめんどうな行政手続きが多いのもデメリットです。

法人を設立するのにも、定款の作成、公証役場での定款の認証、法務局への登記申請など、めんどうな作業がたくさんあります。

もちろん、これはあなた一人でするのではなく、司法書士や行政書士などの専門家に対応してもらえばいいのですが、専門家に対応してもらうということは、その分費用もかかるということです。

そして、登記するということは、また登録免許税を支払うことになります。これは最低15万円ほどかかります。

屋号や事業目的などを変更しても、その都度、登録手続きが必要となります。個人事業をやめるときは簡単ですが、法人をやめるときは清算手続きがめんどうで、法人化するともう後へは引けないという感じになります。

さらに**個人に比べて法人のほうが税務署の目も厳しくなると言われています。**帳簿書類等の厳格化が求められます。また、個人では白色申告として複式簿記でない会計帳簿が認められていますが、法人の場合は、収支計算のみならず、資産と負債の管理にも注力しなければならないため、複式簿記は必須となります。

聞けば聞くほど、法人設立は「めんどくさそうだ」と感じるのではないでしょうか。

◎法人の確定申告は大変！

法人の場合、確定申告も大変です。

個人事業者の場合は、「所得税」の申告書を3月15日までに税務署に提出するだけで申告が完了します。そうすれば「住民税」も自動的に計算してくれます。

ところが、法人の場合は「法人税」を計算して税務署に提出するだけではなく、「法人住民税」と「法人事業税」もすべて自分で計算し、都道府県と市区町村に提出しなければなりません。これはなかなか大変です。

しかも、個人では前年（1月1日から12月31日まで）の申告を3月15日までに行なえばいいので、2カ月＋2週間の猶予がありますが、法人の場合は、たとえば3月決算なら（4月1日から3月31日までの事業年度）、原則として5月31日までに申告書を提出しなければならないため、**使える時間が2カ月間と、個人に比べて2週間も短い**のです。

法人のほうが税務処理的に非常にややこしく、作業も大変です。さらに期間が短いので、個人事業者の確定申告は自分でしている人は多いのですが、さすがに法人の確定申告ともなると税理士に頼む人が多いです。

◎法人は融資ハードルが上がる!?

また、法人では融資を受けにくい場合があります。

銀行によっては、個人にしか融資しないところもあります。

それにもかかわらず、法人のほうがメリットが大きいからといって、1棟目から法人で購入しようと法人を設立される気の早い方がいます。

でもちょっと考えてみてください。何も利益を出していない設立したばかりの法人に、銀行はお金を貸してくれるでしょうか？

法人でメリットが大きくなるのは、事業規模が大きくなってからです。法人設立のタイミングは90ページでも少し触れましたが、実際に決める際には、顧問税理士とじっくり話し合って決めましょう。

もし、法人設立をしたのに個人にしか融資がつかずに物件を個人で購入する場合、よくあるパターンが、節税対策として法人に管理委託をする、もしくは法人に物件を売却するというケースです。

ただ、いつ、どのように税金を払うのかといった税務戦略なくして法人へ物件を売却するのは意味がありません。必ずこちらも顧問税理士にシミュレーションしてもらってください。

このように、法人化にはさまざまなメリット・デメリットがあります。ただ単に節税になるからといって、安易に法人を設立するものではありません。タイミングが非常に重要です。

そのタイミングですが、個人事業としての所得が２６００万円になった翌年（90ページ参照）や、新規で設立する法人に対して銀行融資が実行される内諾を、銀行からもらったときなどです。

いずれにしても、必ず、あなたの投資状況を確認し、投資計画を立てた上で、顧問税理士と相談しながら設立しましょう。

24 「個人法人間の物件移管」はデリケートに扱いなさい

税務調査で厳しく追及されるポイントなので公平に行なうこと

◎物件を法人へ移管したら「物件売却」となり、手数料がかかる

法人になると、個人の場合とは勝手が違ってきます。

たとえば、あなた個人の物件をあなたが代表になっている法人に移すことがあります。これを簡単にできると考えている人が多いのですが、そんなことはありません。これはりっぱな「物件売却」となります。**物件売却ということは、売買契約書を作成して所有権の移転登記をしなければなりません。**

売買契約書などの書類は、司法書士に頼めばササッと作成してもらえますが、手数料がかかります。

売買契約書を作成するということは、「印紙税」もかかります。そして登記をするための「登記費用」と「登録免許税」を支払う必要があります。また、「不動産取得税」ももう一度支払うことになります。不要なのは、仲介業者さんへの「仲介手数料」だけです。

このように、**法人へ物件を売却するだけで、だいたい物件価格の5%くらいの費用がかかる**と考えてください。

◎法人への物件売却は価格に注意すること

個人の物件を法人に売却するわけですから、手続きとして必要な諸費用の他にも、**個人として「譲渡所得（資産を譲渡したときに生じる所得）」が出れば、その分の「所得税」や「住民税」を支払う義務が発生**します。

すると、次のように考える人がいます。

〝自分の法人に、簿価もしくは簿価よりも安価で物件を売れば譲渡所得は出ないため、税金を支払う必要がなくなるんじゃないか。他人に売るのではないし、安く売っちゃえ！そして、法人でその物件を第三者に市場価格で売れば、売却益でほかの物件購入時の赤字は相殺できるし、一石二鳥だ！〟

しかし、これは「脱税行為」です。

こんなことを許してしまうと国は困ってしまいます。いくらでも利益操作ができてしまいますから。そのため、**個人から法人への同族間取引の場合は、市場価格（時価）で売買する必要がある**のです。

もしそうせずに、明らかに市場価格を下回る金額で物件を個人から法人に売却していたことが税務署に発覚したら、個人と法人の両方で追徴課税を課せられる「ダブル」の恐怖が待ち受けています。

ですから、個人から法人に物件を売却する際の物件価格については、必ず税理士とよく相談して決めることです。

◎不動産の時価はどうやって計算するの？

不動産の価格には、国土交通省が発表する「**地価公示価格**」、都道府県が発表する「**地価調査価格**」、相続税の課税のために国税庁が発表する「**相続税路線価**」、固定資産税の課税のために市町村が算定している「**固定資産税評価額**」などがあります。

一般の不動産の売買では、「固定資産税評価額」や「路線価」に基づいて計算した評価額ぐらいで取引きしても問題ありませんが、同族間・親族間において不動産の売買をする場合には、これらの評価額は使えません。それは固定資産税評価額が公示価格等の

70％水準、路線価等は80％水準で評価されているからです。

そこで時価の判断として用いられるのが「不動産鑑定評価」です。

不動産鑑定評価は、具体的に「原価法」「収益還元法」「取引事例比較法」という3つの手法を駆使して時価を判定します。

「原価法」：不動産の再調達原価（同じ不動産を仮にもう一度調達した場合にかかる原価）を基に不動産を鑑定評価する方法

「収益還元法」：その不動産を利用することにより、どれくらいの収益を得ることができるかということを価格算定の基礎とする方法

「取引事例比較法」：市場で実際に売買された類似の土地の取引価格を補正して、評価する土地の価格を求める方法

これらの判断には、専門的な知識が必要で、国家資格である不動産鑑定士のみが行なえることとなっています。

◎第三者へすぐに売却するのはやめよう

個人から法人に売却した物件を第三者に売る場合のことを、少し考えてみましょう。

どちらも市場価格で売却していれば問題はありません。

しかし、個人から法人へ売却する際に、税理士や不動産鑑定士などに価格を算出してもらって売却し、それがたまたま簿価に近かったとします。

次に、たまたま翌月にその法人に移した物件をどうしても買いたいという人が現れて、それを法人の取得価格よりかなりの高価格で買ってくれたとします。

これは大丈夫でしょうか？　脱税行為とみなされないのでしょうか？

じつは、税務署の指摘を受ける可能性もあります。いくら当初の法人への売却価格の算出方法が正しく行なわれたとしても、市場価格は翌月に法人が第三者に売却した価格であると指摘されるかもしれません。よって法人への売却価格を翌月の市場価格に修正し、追徴課税を課せられるおそれもあります。

これを回避するために、**法人への物件売却後、第三者に売却するのであれば、最低でも６カ月、できれば１年は控えたほうがよい**でしょう。そうすれば変な疑惑がかかることはないはずです。

◎法人への物件売却は銀行の承認を得ること

「法人への物件売却は、融資を受けている銀行に伝えたほうがいいですか」

そんな質問を受けることがあります。

物理的には、銀行に黙っていても売却は可能です。物件を個人から法人に売却しても「所有権」が移転するだけで、「抵当権」に変わりはありません。「抵当権」は銀行の合意なしで変更することはできませんが、「所有権」に関しては勝手に変更できるからです。

だからといって勝手に変更していると、後日大変なことになります。

次回、第三者へ物件売却するときに、決済当日になって所有者が違うということが銀行で判明すると、権利関係が確認できないために抵当権の解除ができなくなってしまうことがあるからです。抵当権の解除ができないことは売却ができないことを意味します。

銀行によっては、借金さえ返済してもらえればいいと「所有権の移転」を問題視しないところもあるそうですが、物件を売却できなくなる危険性があるので銀行に黙って変更することは絶対にやめましょう。

なお、物件売却の承認をもらえるかどうかは銀行によって異なります。個人以外には融資しないと内規で決まっている銀行には、承認はもらえないと考えておきましょう。

25 個人と法人のお金のやりとり、甘く見てると危険です

会社のお金は大家さんの自由になるお金ではない

◎自分の会社であっても一つの法人

大家さん個人のお金と、大家さんが代表をつとめる法人のお金は、まったくの別物です。法人のお金を、大家さん個人が自由に使うことはできません。

このことを理解できない人が意外と多いです。法人の代表取締役は自分なのだから、社長の自分がなぜ会社のお金を使ったらいけないんだ、と思ってしまうのです。

しかし、法人のお金を個人が使ってしまうことは、「**業務上横領**」となります。これが発覚すると、このお金は社長への賞与扱いとなり、社長自身はこの賞与に対する「所得税」、「住民税」を支払う必要があります。当然、あとで発覚するのですから、「延滞税」と「加算税」がのしかかってきます。また、社長に対する賞与は税務上の必要経費とはなりませんので「法人税等」にも追徴税が待っています。

もしそうなったら、「延滞税」は、年利14・6％（2カ月経過までは、原則7・3％）

が課税されますし、「加算税」に至っては最高で40％の割合で課税されます（「重加算税」）。そうならないように、個人と法人の間でお金をやり取りするときには十分注意する必要があるのです。

◎個人から法人、法人から個人にお金を貸すことはできる？

個人と法人のどちらかにはお金があって、どちらかにはお金がない。このようなことがたまにあります。

個人で物件を買うのに諸費用のキャッシュがない、法人にはお金があるのに、などという場合、法人からお金を借りることができます。また逆に、法人が個人からお金を借りることもできます。

個人のお金を法人が、法人のお金を個人が、それぞれ勝手に使うことはできませんが、互いにお金を貸し借りすることはできるのです。

では、どうすればよいのか？

個人から法人にお金を貸す場合、つまり、法人の代表者であるあなた個人から法人へお金を貸し付ける場合、「**金銭消費貸借契約書**」を取り交わせば、貸し付けることができます。

個人から法人へ貸し付ける場合は、ある時払いの催促なしでかまいません。また、金利はゼロでも、取ってもかまいません。**金利を取る場合は同族間取引となるので、金利設定には注意が必要**です。その法人の実情、市場金利などを考慮して、顧問税理士と相談しながら決めるようにしましょう。

お金のやり取りは、現金手渡しではなく、**銀行口座経由で振り込みによる証拠を残す**ようにしましょう。

法人から個人へ貸し付ける場合、こちらも「金銭消費貸借契約書」を取り交わせば、法人から借入れすることができます。この場合、個人から法人へ貸す場合とは条件が違うので注意してください。

法人から個人へ貸し付ける場合は、ある時払いの催促なしは厳禁です。金利は必ず取る必要があります。金利は顧問税理士と相談しましょう。**金利を取らない場合は、賞与とみなされ、「所得税」と「個人住民税」が課せられる場合もある**のでご注意を！

26 法人への管理委託で税金を安くする方法

管理料が個人の必要経費となり節税になる

◎「管理委託契約書」の締結を忘れずに

法人に管理委託して節税する「**管理会社方式**」というものがあります（131ページ）。これは、土地や建物の名義人を個人のままで、家賃の集金、物件の維持管理、賃借人からの要望やクレーム処理などの事務を一括して代行し、その家賃収入のうち、一定割合の手数料（管理料）を法人に渡す方法です。

つまり、『エイブル』や『アパマンショップ』などの管理会社にお願いしている業務を、あなたの法人にお願いするのです。それを証明するものとして、「**管理委託契約書**」を作成して締結しておきましょう。

法人に管理をまかせた管理料は個人の必要経費となるので、その分を個人の所得から差し引き、「所得税」や「住民税」を節税できます。

また、法人からはあなた個人に役員報酬として給与が支払われますが、それに対して

■ 管理会社方式とは？

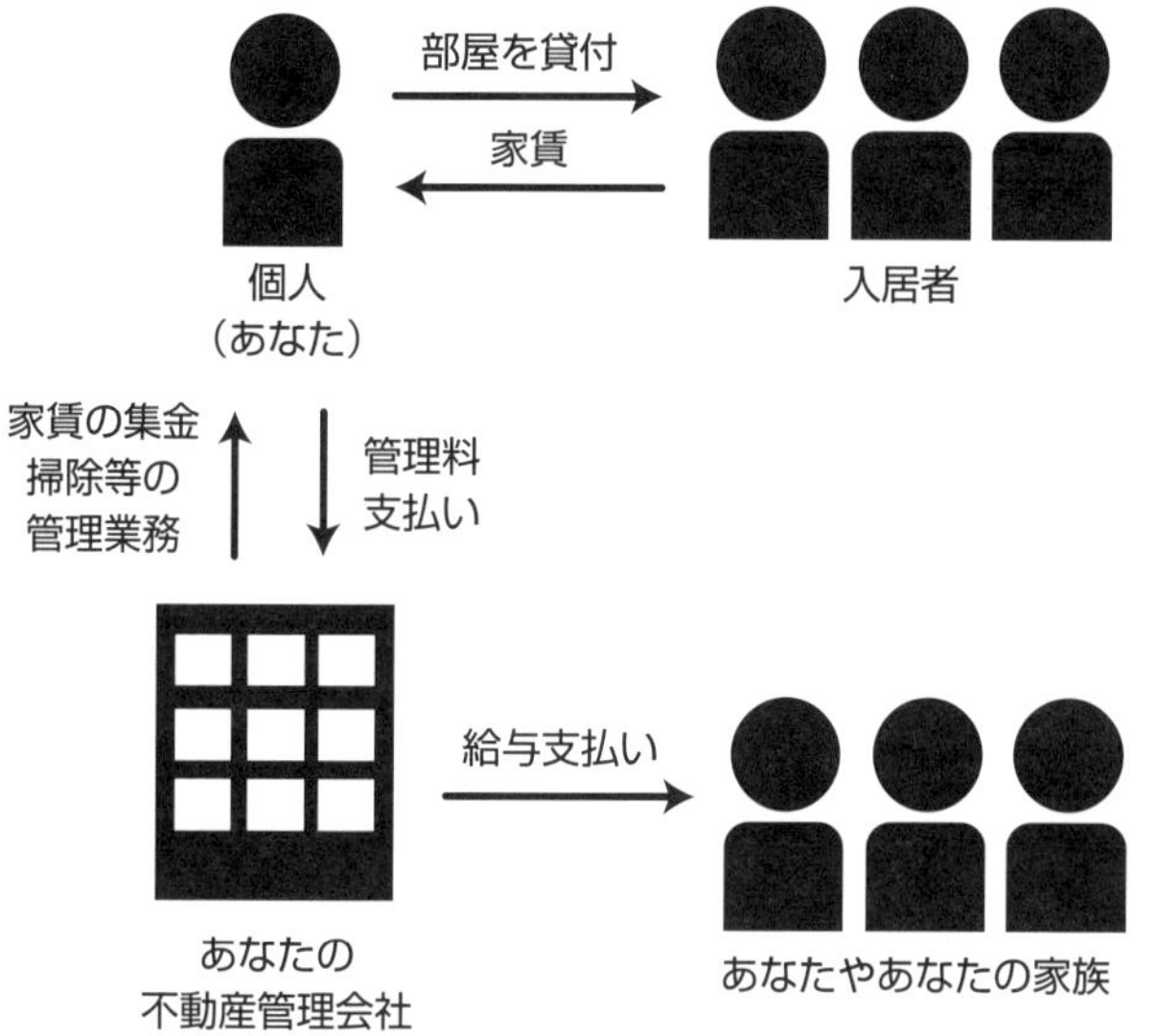

は、「給与所得控除」（98ページ）などの控除がつくため、個人事業主として所得を得ることに比べて納める税金が減ることになるのです。

　さらに配偶者や子どもなどが役員または従業員として業務に従事すれば、支払う給与は必要経費として計上できますし、給与として受け取るほうも給与所得控除などを使えますので、家族として考えるとさらに節税効果は大きくなります。

　ただし、個人から法人に管理料を支払っているだけで、実際に法人で管理業務をしていなければ、この管理費は個人からの寄付と見なされます。こういった寄付は個人事業の必要経費としては認められません。

税務署に発覚すれば、その寄付分の「所得税」と「住民税」、さらに「加算税」と「延滞税」をあなた個人が支払わなくてはいけなくなります。

家族に給与を支払う場合も、実際に仕事をしていない人に給与を支払っていたら、これはもちろん税務署に否認されるので注意しましょう。

◎管理委託する場合の管理料に注意！

さて、実際に管理業務をしていれば、管理料をいくらでも支払っていいかというとそうではありません。管理料を多くして、少しでも節税をしたいという気持ちはわかりますが、管理料は相場にあった金額でなければなりません。

相場より明らかに高い金額の管理費を支払っていれば、不当に同族会社へ利益を移転したものとして税務署はその不相当な金額を否認します。

この管理料が認められているのは、せいぜい**家賃収入の10％程度まで**と言われています。ただし、他の管理会社には3％で管理委託しているのに、自分の法人には10％で管

■ サブリース方式とは？

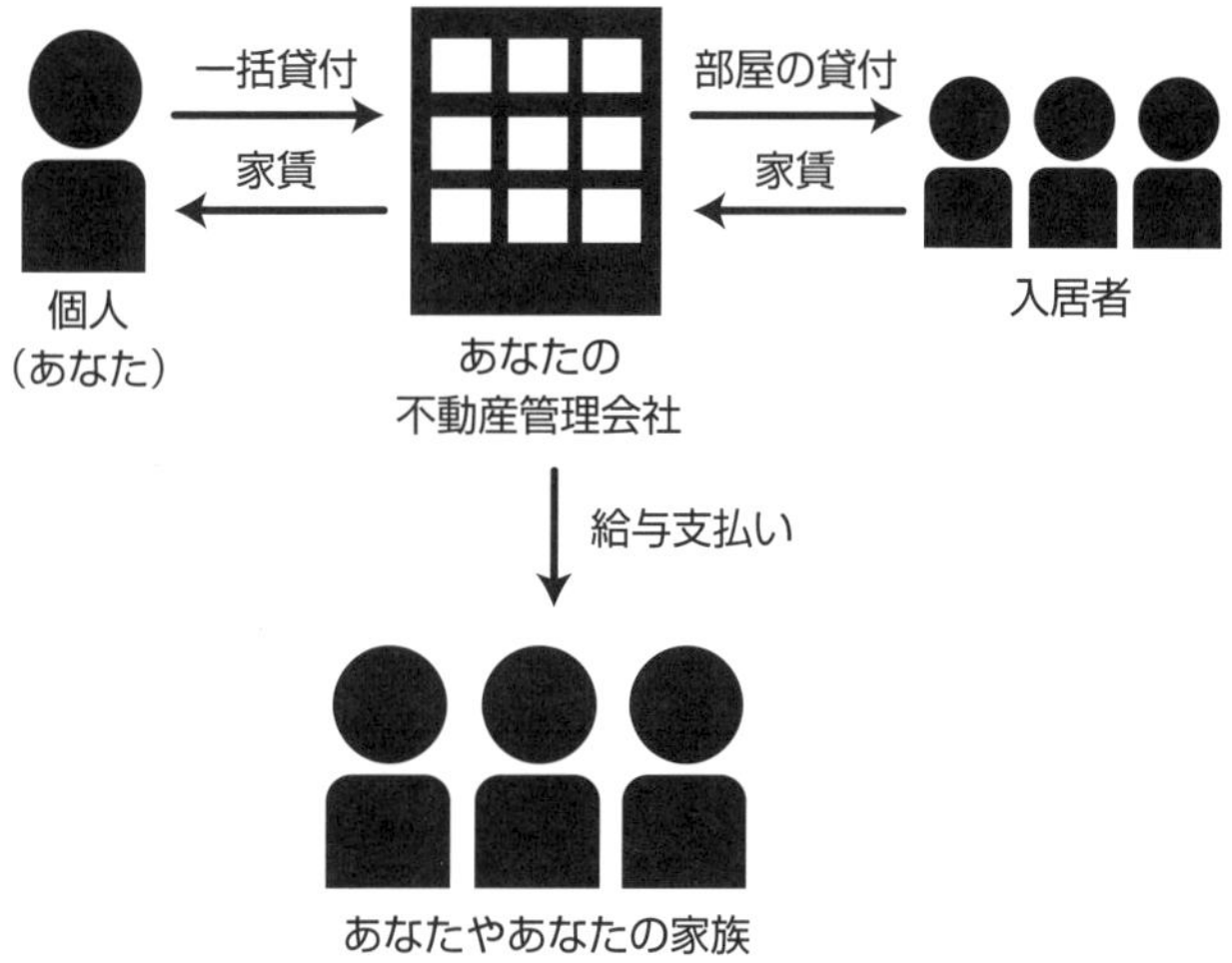

理委託していれば、あとの7％分の業務は何なんだということになりますのでご注意ください。

また、同族間だからといっても、管理委託するためには契約書を交わす必要があります。詳細は顧問税理士と打ち合わせして決めてください。

◎サブリース方式とは？

前述の管理会社方式では、不動産管理会社に管理のみをお願いするというものでしたが、いったん、法人に物件を一括して貸付け、その後、法人が入居者に又貸しするという方法があります。これを「サブリース方式」といいます。

たとえば、法人には8万円で貸付け、それを法人が10万円で入居者に貸付ければ、差額の2万円が法人の利益となり、給与として支払うことができます。このように、管理会社方式よりも料金を高く設定することで節税できます。

この方法は、法人が一括借り上げしているので、当然空室が増えれば、リスクは法人が負うこととなります。そのため、サブリース料の相場は、管理会社方式よりも高く、**家賃収入の20％前後**くらいで設定されます。

この場合も、相場よりも明らかに安い金額で一括貸しをしていたら、不当に同族会社へ利益を移転したものとして税務署は否認しますので注意してください。

27 要注意！ 見落としがちな「役員報酬の設定」の落とし穴

役員報酬は、期の途中で自由に変更できない

法人のメリットである役員報酬ですが、いくらにするか金額を設定するのは、とてもデリケートな作業になります。

役員報酬の届出は税務署に提出する必要はありませんが、期首から３カ月以内に株主総会で決めておかなければなりません。そしてその議事録を作成して保管しておく必要があります。

◎変更した額の分は損金にならない

原則は定額で、毎月同額支給となります。

期の途中で役員報酬の額を変更すれば、変更した額の分は損金にならないので注意してください。

たとえば、４月から事業年度がはじまる法人で、役員報酬を月額70万円に設定していたけれど、急な物件の修繕が入ったので、期末に役員報酬を月額50万円まで減額したと

します。すると、その「差額の20万円×支給額変更月からの月数」が損金に算入できないのです。

反対に、今年は利益がたくさん出そうだからと、期末に役員報酬を増やした場合でも、増やした差額分が損金になりません。

なぜ同額支給でなければならないのか。

つまり、こういうことです。不動産賃貸業では、その年によって利益が大幅に変わるということはほとんどありません。しかし、一般企業では一年の初めになかなか利益の見通しが立たない場合が多くあります。

やっと期末近くになって、利益はこれぐらいだというのがわかってきます。そこから、今年は利益が多いから役員報酬を増やそう、反対に今年は利益が少なく赤字になりそうだから役員報酬を減らそう、こんな風に変えることができるのなら、社長さんにとってはありがたいです。

しかし、後出しジャンケンでは、いくらでも利益操作に使えることとなり、法人の納税額が少なくなります。それでは国としては困ります。国は、税収が減ることを防ぎたいんですね。

ただし、例外もあります。

たとえば、平成20年のリーマンショック時のように、取引先が倒産したために売掛の回収ができず、銀行取引などに支障を来たすといった企業にとってどうにもならない理由のために、期の途中でも役員報酬を減らさざるをえない場合は「損金不算入」にはなりません。変更前と変更後の役員報酬の全額が、「損金算入」となります。

また、不動産賃貸業では、たとえば災害が起こって大規模修理をする必要が出てきたりするなど、**予期せぬ事態に陥った場合は、役員報酬を減額しても損金と認められるでしょう。**ただし税務署の判断にもよりますので、認められない場合もあることにご注意ください。

◎役員報酬の設定のしかた

役員報酬には、給与支給の限界がないからといって、いくらでも支払っていいというわけではありません。**不相当に高額な給与や役員報酬は必要経費として認めてもらえない場合があります。**

実質が伴っていないとＮＧです。これは、「青色事業専従者給与」（213ページ）と同じ考え方で、どのような仕事をしてどのような仕事量か、従事日数は……など総合的に考えないといけません。

とはいえ、役員報酬では、具体的な上限金額があるわけではないので税務署としても、この金額は支給しすぎだ！　とは言いにくいものです。役員報酬で否認される事例も最近は少ないので、ある程度は許容されると考えられます。

じゃあ、**不動産賃貸業ではいくらで設定すればいいの？**　と、あなたは迷うかもしれませんね。不動産賃貸業をしていると年間の利益計画が立てやすいので、その利益見込みからいくらに設定するかを決めてください。

利益が1000万円なのに、役員報酬を3000万円に設定する人はいませんよね？　利益が1000万円で、役員報酬を1000万円とするのはよいでしょう。

しかし、高額の場合には注意してください。不動産賃貸業での利益が1億円だったので、役員報酬を1億円にしたとなると、不相当に高いと税務署に指摘されることもありますので十分な検討が必要です。

賃貸業で、なぜ1億円の給料をもらえるの？　と追求されてもしょうがありません。不動産賃貸業は基本的にはそんなに仕事をすることはないはずです。

ただ、40～50棟も持っていて、2億円の利益を出しているスーパー大家さんなら、1億円の役員報酬をもらっていても、これだけの物件数をマネジメントしていく労力だとか管理能力だとか、またそれまで事業を大きくしてきた経営能力などいろんな要素が考えられるので1億円の報酬がNGになるということはないでしょう。

◎役員報酬の設定は、頭を悩ませる

役員報酬を過大にすれば、個人の所得税が多くなるため、メリットはありませんが、法人にお金を残してもどうしようもありません。なぜなら、法人のお金は個人が勝手に使うことはできないからです。

だから、利益ギリギリで設定したいと考える人は多く、その気持ちはよくわかります。

一般的に、利益が出れば、全部を役員報酬にしてしまうような考え方の社長さんが多いのも事実です。しかし、ギリギリに設定してしまうのはとても危険です。

たとえば、突然「大規模修繕」が入ってしまったときに、役員報酬を支払うお金がなくなってしまいます。

反対に、法人で、１０００万円の大規模修繕を入れるつもりで、役員報酬を設定して

いたとします。しかし、なんらかの理由で修繕をやめてしまい、1000万円の利益が出たとすると、今期は4割の税金を取られてしまい、残ったお金は600万円。

次の年に、この600万円を役員報酬で支払うことで個人に移そうとすると、次にこの600万円には「所得税」と「住民税」がかかってきてしまいます。

最初に利益であがった1000万円は、法人と個人でダブル課税されることとなり、下手すれば、残るお金は400万円、実質4割しか手元に残らなくなってしまうのです。

こんなことは馬鹿らしいですよね。

法人に残しすぎてももったいない。個人に渡して「所得税」でとられてももったいない。もしお金が残りそうならば、物件を購入したり、家賃を上げるためのリノベーションなどに使ったり、法人を成長させるために使わないともったいないのです。

◎役員報酬の落とし穴

たとえば、法人の利益見通しを1000万円と考え、役員報酬を年間800万円にしていたとします。しかし、期末になり結局法人の利益が500万円となってしまったとします。これでは役員報酬を支払うことができませんよね。だからあなた個人としてもお金をもらえない。

しかし、給与をもらっていなくても、個人としての「所得税」や「住民税」は支払う義務があるのです。すると、お金をもらってないから税金を支払うお金がなく、支払うためにはどこからかお金を借りてこなければならない。仮に支払えなかったら差し押さえ。法人も未払処理が発生。

これではあなたは法人としても個人としても、〝ダメ投資家〟のレッテルが貼られ、銀行からの融資は絶対におりなくなってしまいます。それでは、２棟、３棟と収益物件を買い足していくことができません。

役員報酬はあらかじめ決めなければならないため、会社経営者（大家さん）としては役員報酬の設定は、本当に難しいものなのです。

とはいえ、役員報酬の設定を間違えると大変なことになります。必ず、顧問税理士に相談の上、慎重に設定していきましょう。

第4章

「減価償却費」を制する者は不動産投資を制す！

28 賢い節税の実現には、「減価償却費」が欠かせません！

減価償却費は不動産投資とは切っても切り離せない

◎減価償却費は節税とは切っても切れない関係

「減価償却」や「減価償却費」といったキーワードは、不動産業に限らず、ビジネスにおいてよく耳にする言葉です。ところが、意外とあやふやなまま使っている人が多いのが現実です。

減価償却は節税とは切っても切れない関係です。紙面を割いて説明しましょう。

そもそも減価償却とは、どういうものでしょうか？

減価償却を一言で言うと、

〝**すでに支払ったお金を、一括ではなく、数年間にわたって順次「経費化」していくもの**〟です。

このように順次「経費化」することを「償却する」と言います。

■ 建物の法定耐用年数表

細目		事務所用	住宅用	店舗用
鉄骨鉄筋コンクリート造（SRC造）／鉄筋コンクリート造（RC造）		50年	47年	39年
レンガ造／石造／ブロック造		41年	38年	38年
金属造（S造）	肉厚4mm超	38年	34年	34年
	肉厚3mm～4mm	30年	27年	27年
	肉厚3mm以下	22年	19年	19年
木造・合成樹脂造		24年	22年	22年
木骨モルタル造		22年	20年	20年

何年間で償却するかは、「耐用年数」として法律で定められていて、勝手に決めることはできません。また、パソコンは4年、普通車は6年という具合に、物によって耐用年数が定められています。

法定耐用年数は、「**減価償却資産の耐用年数等に関する省令**」に載っています。インターネットで調べることができるので、検索してみましょう。

仮に所有物件の見回りや物件探しのために600万円の高級車を購入したとしても、購入した年度に600万円全額を一括で必要経費とすることはできません。

■ 減価償却は数年に分けて行なう

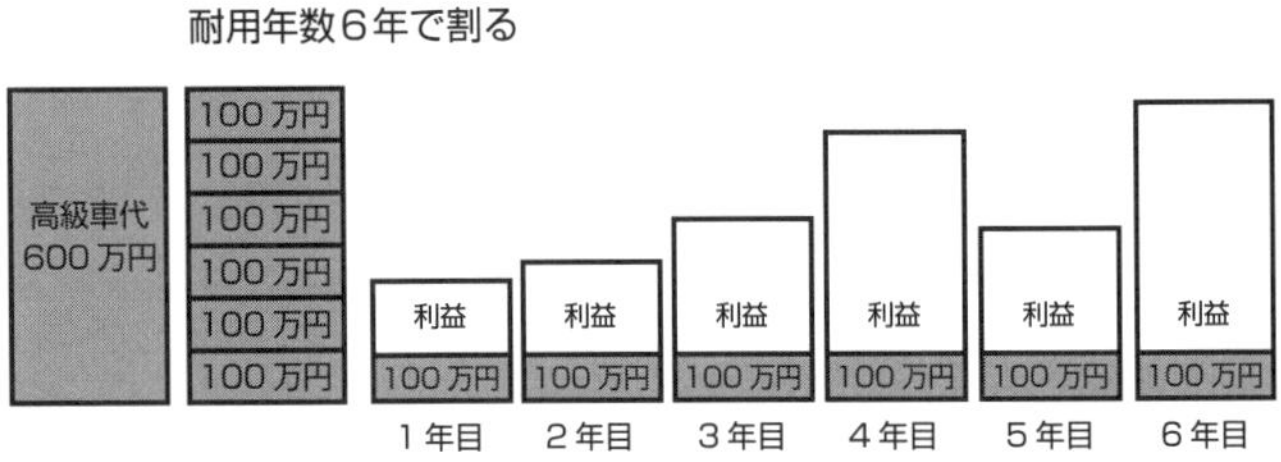

耐用年数6年で割った「600万円÷6年＝100万円」ずつを、6年間にわたって必要経費にしていくのです（定額法の場合）。

なぜ支払った費用をすべて必要経費にできないのかというと、今期は利益が出るとわかった時点で、高額な支出（車など）を全額その期の必要経費として認めてしまうと、利益をゼロにしてしまうことが可能になってしまいます。そうなると誰も法人税や所得税を納税しなくなります。

そこで、国が任意に耐用年数を決めて、その耐用年数に応じた一定の率を乗じて計算した金額だけを1年間の必要経費とできるようにしたわけなのです。

ただし、すべての資産を減価償却するわけではありません。**取得価額が10万円未満のものは、減価償却せずに一括経費とします。**

29

複雑な減価償却費。まずは「ココ」だけ押さえなさい

償却方法には定額法と定率法がある

◎償却方法の違いを知っておく

減価償却の方法には主に２つあります。

一つは「**定額法**」、もう一つが「**定率法**」です。

定額法とは、「取得価額」に決まった償却率（１５０〜１５１ページ）をかけることで固定額を計算し、それを毎年減価償却費として計上する方法です。**毎年同額を必要経費として計上することになります。**

定率法とは、「帳簿価額」に決まった償却率（１５０〜１５１ページ）をかけて計算される一定の割合を、毎年減価償却費として計上する方法です。帳簿価額は、取得価額から前年までの償却額を差し引いて計算されるものなので、**1年目に一番多く必要経費とすることができ、年々必要経費として償却できる額が少なくなります。**

定額法の計算式　毎年の減価償却費＝取得価額×定額法の償却率
定率法の計算式　毎年の減価償却費＝帳簿価額×定率法の償却率

冷暖房設備100万円、耐用年数15年（償却率0・067）の場合、定額法では毎年6・7万円ずつ減価償却します（100万円×0・067＝6・7万円）。定額法なので1年目から償却期間が終了する15年目まで、金額は変わりません。

定率法になると、償却率が0・133となるのですが、

1年目　100万円×0・133＝13・3万円
2年目　（100万円－13・3万円）×0・133＝11・5万円
3年目　（100万円－13・3万円－11・5万円）×0・133＝10・0万円

という具合に、年々減価償却できる費用は減っていくのですが、**購入した当初から減価償却費という必要経費を多めに発生させることができます**（平成24年度の税制改正

定額法と定率法のメリット・デメリット

	メリット	デメリット
定額法	計算が簡便。利益が安定	維持修繕費が多くかかる後半に費用負担が大きくなり赤字になりやすい
定率法	資金を早期に回収できる。維持修繕費が多くかかる後半でも費用負担が小さいため、赤字になりにくい	計算が複雑。初期段階で利益を圧迫し、赤字になりやすい

で、平成24年4月1日以降に取得した場合の例）。

なお、平成24年3月31日までに取得した資産の場合は償却率が変わりますので、注意してください。

いずれにしても、定額法の1年目は6・7万円、定率法の1年目は13・3万円と、定率法の場合が初年度の必要経費は定額法に比べて大きくなります。

■ 減価償却資産の償却率表

耐用年数	定額法	定率法		
	償却率	償却率	改定償却率	保証率
2	0.500	1.000	——	——
3	0.334	0.667	1.000	0.11089
4	0.250	0.500	1.000	0.12499
5	0.200	0.400	0.500	0.10800
6	0.167	0.333	0.334	0.09911
7	0.143	0.286	0.334	0.08680
8	0.125	0.250	0.334	0.07909
9	0.112	0.222	0.250	0.07126
10	0.100	0.200	0.250	0.06552
11	0.091	0.182	0.200	0.05992
12	0.084	0.167	0.200	0.05566
13	0.077	0.154	0.167	0.05180
14	0.072	0.143	0.167	0.04854
15	0.067	0.133	0.143	0.04565
16	0.063	0.125	0.143	0.04294
17	0.059	0.118	0.125	0.04038
18	0.056	0.111	0.112	0.03884
19	0.053	0.105	0.112	0.03693
20	0.050	0.100	0.112	0.03486
21	0.048	0.095	0.100	0.03335
22	0.046	0.091	0.100	0.03182
23	0.044	0.087	0.091	0.03052
24	0.042	0.083	0.084	0.02969
25	0.040	0.080	0.084	0.02841

※「平成 23 年 12 月改正　法人の減価償却制度の改正に関する Q&A」（国税庁）より作成
※定額法は平成 19 年 4 月 1 日以後取得の場合。定率法は平成 24 年 4 月 1 日以後取得の場合

耐用年数	定額法	定率法		
	償却率	償却率	改定償却率	保証率
26	0.039	0.077	0.084	0.02716
27	0.038	0.074	0.077	0.02624
28	0.036	0.071	0.072	0.02568
29	0.035	0.069	0.072	0.02463
30	0.034	0.067	0.072	0.02366
31	0.033	0.065	0.067	0.02286
32	0.032	0.063	0.067	0.02216
33	0.031	0.061	0.063	0.02161
34	0.030	0.059	0.063	0.02097
35	0.029	0.057	0.059	0.02051
36	0.028	0.056	0.059	0.01974
37	0.028	0.054	0.056	0.01950
38	0.027	0.053	0.056	0.01882
39	0.026	0.051	0.053	0.01860
40	0.025	0.050	0.053	0.01791
41	0.025	0.049	0.050	0.01741
42	0.024	0.048	0.050	0.01694
43	0.024	0.047	0.048	0.01664
44	0.023	0.045	0.046	0.01664
45	0.023	0.044	0.046	0.01634
46	0.022	0.043	0.044	0.01601
47	0.022	0.043	0.044	0.01532
48	0.021	0.042	0.044	0.01499
49	0.021	0.041	0.042	0.01475
50	0.020	0.040	0.042	0.01440

30

個人事業と法人とでは償却方法が違うんです

個人事業は原則として定額法

◎個人事業と法人とで異なる償却方法

償却の方法は、個人事業と法人とでは異なります。

個人事業の償却方法は、償却が強制されることと、原則として定額法で償却します。定率法にするためには、開業時に税務署に届出書を提出することによって、資産の種類ごとに定率法を採用できます。

ただし、定率法では初年度の償却費が大きくなってしまうために赤字になりやすく、銀行からの融資を考えているのであれば、定率法を採用することはお勧めしません。もし途中で、定率法に変更したい場合は、現在の償却方法から3年程度経過した後に変更することをお勧めします。とはいえ、初期にその資産の使用頻度が著しく増加したなどの相応の理由が必要ですので、むやみやたらな変更は承認されないこともあります。

一方、**法人での償却方法は、償却は任意で、原則として定率法で償却**します。定額法を採用したい場合は、税務署に届出書を提出する必要があります。

◎建物の償却方法は必ず定額法

ここで気をつけなければならないのが、最も値段の高い「建物」の償却です（土地は償却資産ではない）。

個人であっても法人であっても、建物は定額法で償却します（平成10年4月1日以降に取得した建物は定額法のみで、それ以前は定率法でも問題ありません）。

減価償却費は、厳密には「**月数按分**」です。そのため、同じ建物を購入する場合、1月に購入するのと5月に購入するのとでは、大きな差が出てきます。

たとえば、耐用年数47年、取得価額1億円、定額法の償却率０・０２２というＲＣの建物を例にとりましょう。

これを1月25日に取得したときは、1年間の償却費は２２０万円（1億円×０・０２２）です。これが5月25日に取得すると、使用した期間は5月から12月の８カ月間となるので、償却率を初年度のみ次のように変更しなければなりません。

0・022×8カ月／12カ月＝0・015（少数点第3位未満切り上げ）

つまり、初年度の償却費は150万円（1億円×0・015）になり、1月に購入する場合と比べると70万円もの差が出ます。

もちろん、「月数按分」は減価償却をする資産全般にいえることですから、建物だけでなく、他の償却資産を購入した場合でも、同じように初年度は、実際の使用期間の月数で按分して計上しなければなりません。

31 「土地と建物の按分」、このやり方で節税できる

按分次第で納税額が変わる

◎売却時のシミュレーションを忘れずに

不動産売買の慣習では、土地と建物を分けて計算しないことが一般的です。

土地と建物とを合わせた販売価額が契約書に記載されており、総額でいくら儲かったか、いくら損したかということがわかれば不動産屋さんにとっては十分なのです。

そのため、契約書には一括で契約金額が記載されていることが多く、土地と建物の内訳が契約書だけではわからない場合が多いです。

このようなケースで土地と建物の値段を決めるには、次の方法があります。

①消費税からの逆算

消費税は建物にはかかりますが、土地にはかかりません。そのため、契約書に消費税の記載があれば、そこから逆算して求めることができます。

契約書に記載された売買金額が1億円（うち消費税等300万円）であれば、300万円÷5％×1・05＝6300万円が建物の価格となり、1億円－6300万円＝3700万円が土地の価格となります。

②「固定資産税評価額」の土地、建物の価格の割合で売買価格を按分する

消費税の記載もない場合、客観的にそして合理的に按分する方法として**「固定資産税評価証明書」**を利用して按分します。この方法が**売主、買主ともに心情的に納得しやすく、頻繁に用いられる方法**です。

契約書に記載された売買金額が1億円だけであれば、「固定資産税評価証明書」に記載してある額を元に計算します。

記載が「土地3500万円　建物4500万円」であったならば、次のような計算になります。

土地　1億円×3500万円／（4500万円＋3500万円）＝4375万円
建物　1億円×4500万円／（4500万円＋3500万円）＝5625万円

◎建物比率を高くすると節税になる

さて、節税のポイントですが、ズバリ「建物比率」を大きくすることです。

収益物件を購入するということは、「土地」と「建物」の両方を取得することになります。「土地」は半永久のものであり、減るものではありませんから、**土地は減価償却できません。**これを「非償却資産」といいます。

一方、「建物」は住めば住むほど価値は減少します。一度使用すると傷むものです。この「建物」の劣化を減価償却で必要経費にしていくのです。

ということは、建物の比率が大きいほうが、減価償却できる金額が増えて節税になるのです。

建物の割合を大きくするためにはどうすればよいか?

これは簡単です。ただ、売主に建物価格を大きくしてもらうように交渉するだけです。もし断られた場合は、消費税分を買主である自分が負担することを条件にすると、価格を変更してもらえることがあります。

注意点は、破産物件の場合は弁護士などが絡んでいるので、まったく融通が利かないことです。

また、建物比率を大きくしすぎると、その物件を売却するときに簿価が小さくなってしまいます。これは建物だけを減価償却しているため、建物の帳簿価額が小さくなってしまっているからです。

その状態で物件を売却すると利益が大きくなってしまうこともあり、その結果、譲渡所得が多くなり、「所得税」をたくさん支払うことになってしまうケースもあります。

土地と建物の比率を決めるときは、必ず「売ったときにはどうなるか？」という売却時の簿価をシミュレーションしてから決定しましょう。

32

「中古品」、じつは節税の〝宝庫〟です

中古品の法定耐用年数を上手に使って節税する

◎中古品の減価償却は、新品とは耐用年数が異なるので注意する

新築の建物の場合、取得価額を「法定耐用年数」で減価償却していきます。

新築の居住用建物の法定耐用年数は、次の通りです。

木造	22年
軽量鉄骨（肉厚３ｍｍ以下）	19年
軽量鉄骨（肉厚４ｍｍ以下）	27年
鉄骨（肉厚４ｍｍ超）	34年
ＲＣ（鉄筋コンクリート）	47年

ところが、中古物件の場合は計算方法が違ってきます。

たとえば、築19年のＲＣ造の物件を購入したからといって、単純に「47年－19年＝28年」というように新築の建物の法定耐用年数で償却したらいいのかというと、そうではありません。

原則は、使用可能期間年数を見積る方法で計算するのですが、そのためには不動産鑑定士に依頼しないといけないため、この方法はほとんど使用されません。

中古物件の耐用年数は、ほとんどの場合、次の簡便的な方法で計算します。

（耐用年数－築年数）＋築年数×０・２（小数点以下切捨て）

たとえばＲＣ築19年の物件の場合、（47年－19年）＋19年×0・2＝31・8年＝31年で償却します。つまり、単純に計算した28年より3年も長くなるのです。

さらに、耐用年数を過ぎていない比較的新しめの中古物件ばかりを購入するとは限りませんよね。もしも耐用年数を過ぎている物件を購入した場合は、

耐用年数×０・２（小数点以下切捨て）

で計算される年数で償却します。

もともとの法定耐用年数から何年過ぎていようとも、ずっとこの耐用年数で計算することとなります。

これらの中古建物の耐用年数の計算方法は、建物だけではなく、すべての中古品についても適用されます。

あなたが買う可能性のある中古品で代表的なものといえば、車ではないでしょうか。

その中古車の償却方法について、次に説明していきます。

◎節税するなら「４年落ちのベンツ」を買え！

建物以外の償却資産でも、中古品は建物同様に耐用年数を計算します。この計算方法を利用して、不動産業で節税効果が高いのが「車」です。

普通車の法定耐用年数は６年ですが、これは新車を購入したときの耐用年数です。

中古車を購入した場合には、中古物件と同じように、１６０ページの計算式を使って、次のように耐用年数を計算します。

1年落ち（6−1）＋1×0.2＝5.2⇒5年
2年落ち（6−2）＋2×0.2＝4.4⇒4年
3年落ち（6−3）＋3×0.2＝3.6⇒3年
4年落ち（6−4）＋4×0.2＝2.8⇒2年
5年落ち（6−5）＋5×0.2＝2.0⇒2年
6年落ち（6−6）＋6×0.2＝1.2⇒2年（最短年数が2年のため）

150〜151ページの償却率表を見てもらえればわかると思いますが、耐用年数が短いほど、償却率が大きくなり、必要経費にできる額が大きくなります。つまり、中古品は償却費が大きくとれて節税効果が抜群なのです。「4年落ちのベンツ」が最もいいのは、5年落ち、6年落ちのものより高額である可能性が高く、耐用年数は同じ2年だからです。

たとえば、あと300万円ほど必要経費が欲しいと思えば、600万円で4年落ちの中古車を買えば、定額法の場合600万円×0.500（償却率）＝300万円となります。

これが新車で３００万円の償却費を出そうとすると、新車は６年償却のため、１８００万円の車を購入しないと３００万円の償却費が出せません。３００万円の償却費を出すために、６００万円の支出をするのと１８００万円の支出をするのとでは、３倍もの開きがあります。

さらに、この耐用年数2年というのは、法人であればもっと節税に効果的です。なぜなら、法人では定率法で償却するのが原則ですから、耐用年数２年の償却率は１・０００なのです。

つまり法人であれば、６００万円で４年落ちの中古車を買うと、なんと１年目で６００万円を全額償却できてしまうのです。

定率法については、平成19年と24年に改正が行なわれました（平成19年3月以前分には、「改定償却率」と「保証率」はありませんでした）。平成19年の改正によって、3年以上の耐用年数の場合は、償却率だけでなく「改定償却率」と「保証率」を使って計算します。これは改定前と微調整をするような意味合いで設定されたものと考えてください。

節税のために、「何年落ちなら耐用年数は何年？　何年で償却？」と常に計算するくせをつけておくと、中古品を上手に使って節税できるのです！

33 注目！ 物件の「付帯設備」で節税できるんです

付帯設備に関する短期償却を上手に利用する

◎付帯設備の減価償却は節税につながる

物件は土地と建物に分けられるだけでなく、建物はさらに「**躯体部分**《くたい》」と「**付帯設備**《ふたい》**部分**」に分けることができます。

「躯体」というのは建物そのもので、柱や壁、天井といった建物自体に相当する部分です。「付帯設備」とは、電気設備や給排水設備、衛生設備（トイレ、風呂、洗面所など）やガス設備など、建物の躯体以外の部分であるその他もろもろです。

これら「付帯設備」の耐用年数は15年と定められています（「躯体部分」は居住用RCで47年）。

付帯設備は、躯体部分より価格は小さいのですが、耐用年数が躯体に比べて15年と短いのと、該当する物が多いために、減価償却費は意外に大きな額になります。

さらに躯体部分は定額法でしか償却できませんでしたが、**付帯設備に関しては、個人**

事業主の場合、届出を出すことによって定率法で償却できるようになるので、早期に多額の償却費を計上することができます。

注意点は、中古物件の場合だと建設当初の請求書や見積もりといった値段を証明する証拠がない場合が多く、躯体部分と付帯設備部分に簡単に分けることができません。

税務の本の中には、「躯体と付帯設備は７：３で算出しましょう」などと書かれているものを見かけますが、これはお勧めしません。なぜなら根拠が乏しいからです。根拠がなければ税務上否認される可能性があります。

最も信頼性が高い方法は、不動産鑑定士に依頼することです。その分の費用が発生しますが、節税効果が高いのであれば、きっちりとした根拠のある按分方法を選択しましょう。あいまいな按分は危険です。

付帯設備を減価償却する方法は、耐用年数の長い躯体部分と分けて短い耐用年数で償却できるため、節税という観点からは有効に機能します。

しかし、収益物件を購入して数年は赤字の場合が多いので、**もし銀行からの融資を考えているのなら、躯体と付帯設備を分けずに「建物」として定額法で減価償却するほうが、必要経費となる金額を抑えられます。**

34 特殊な減価償却制度による節税方法、教えます！

資金を早期回収できる2つの制度を活用する

◎「特別償却」と「割増償却」

減価償却の制度の中には、「さらに減価償却費を計上してもいいですよ」と言ってもらえる特殊な減価償却制度があります。

その制度とは、「**特別償却**」と「**割増償却**」の2つです。この2つの制度は、**事業者が投下した資金を早期に回収することを目的にした制度**です。

たとえばパソコンを例に説明しましょう。

パソコンを20万円で購入し、4年をかけて必要経費にしていく、この流れは十分理解できますよね。定額法で償却していくと毎年5万円ずつ（20万円÷4年＝5万円）減価償却費として必要経費を計上しました。これが普通の減価償却です。

減価償却をするということは、投下した資金を回収するということでもあるのです。

つまり、**実際に必要経費として支払っていないのに、減価償却費として必要経費を支**

払ったことになるので、その分の利益を圧縮できて、結果として課税所得を減らし、税金の額を減らすことができます。

ところで、すべてがすべてこの普通償却で投下した資金を回収するとなると、投資してから次の投資へのスパンが長くなるおそれがあります。特にＲＣの建物などは、耐用年数が47年ですから、47年経たないと、建物の購入に要した費用の全額を必要経費として処理できません。

そこで国は、普通の償却とは別に、減価償却費を多く必要経費として処理できる制度で資金回収の早期化を支援してくれています。その制度が「特別償却」と「割増償却」なのです。

「特別償却」とは、取得価額に一定の率をかけて普通の減価償却費のプラスアルファを経費化ができるものです。「割増償却」とは、算出された普通の減価償却費に一定の率をかけてプラスアルファの経費が出ます。

これらは「**租税特別措置法**」という法律で規定されています。時限立法という枠組みで、経済状況などを考慮して政策的に立法されるものです。

ただし、資産の全部が、この制度に適用されるかというとそうではありません。適用できる資産は、この租税特別措置法で決められています。一般に、「特別償却」や「割増償却」ができるのは、社会に貢献できるようなものが多いです。

さらに、適用期間や適用資産の内容が変わったりすることもあり、適用要件なども厳しいものとなっていますが、適用資産を購入した場合は節税効果が大きいため、利用することをお勧めします。

◎太陽光発電は即時償却が可能（法人および個人の事業所得）

あなたが節電のために、収益物件の屋上に大型の太陽光発電を取り付けたとしましょう。その設備が適用要件に合致すれば、次の計算の通り、全額が必要経費として処理できます（平成25年3月31日まで）。

太陽光発電機の取得価額 × 100%

また、太陽光発電の設置をすると、「**税額控除**」も選択できます。税額控除とは、納税する税金を直接控除してくれる制度です。

収益物件に取り付けた太陽光発電機が、その法律の趣旨に合う設備であった場合に限り、「減価償却の即時償却」か「税額控除」のいずれかの選択ができます。**税額控除を選択した場合、次の計算式で計算された額を法人税、または所得税（事業所得の場合のみ）から差し引けます。**直接、法人税や所得税の税額を減らすことができる制度なのでお得感がありますよね。

太陽光発電機の取得価額 × 7％

不動産賃貸業の中で、この「税額控除」か「即時償却」かを選択できる資産といえば、現状は、この太陽光発電などの設置によるエネルギー設備くらいです。

大家業に深いかかわりのある税額控除となると極めて少ないのが実情なのです。

◎高齢者向けの優良住宅では割増償却が可能

不動産賃貸業に関係あるものとしては、「高齢者向けの優良住宅」があります。この「割増償却」の計算方法は次の通りとなります。

普通償却費×28％（条件によって率が複数あります）

これだけの償却費が必要経費として上乗せされます。つまり、普通の償却費の128％を1年で償却できるということです（平成25年3月31日まで）。

そうはいっても、即時償却の場合は取得価額全額を償却費として計算しますが、割増償却の場合は普通償却費に率をかけて計算するので、**節税効果としては即時償却のほうが大きく**なります。

35 「少額減価償却資産制度」で30万円が一括経費に！

一括経費にするか減価償却するかをうまく選択して節税する

◎青色申告なら30万円までは全額一括経費

通常10万円以上のものを買うと減価償却の対象となり、一括経費にはできず、その資産ごとの耐用年数にわたって償却しなければいけません。

しかし、「**少額減価償却資産（の即時償却）制度**」という特例を活用することで、**青色申告者の場合、30万円未満のものであれば、一括経費とすることができます**（平成26年3月31日まで）。

たとえば、16万円のパソコンを買って、通常では4年で償却しなければいけないところを、青色申告をすれば一括で必要経費とできるのです。青色でなければ4年間にわたって4万円ずつしか必要経費にできなかったものを、1年で16万円の必要経費として収入から差し引くことができるのです。

この特例では、**一つの資産の金額が30万円未満で、1年間もしくは1事業年度内で総**

額３００万円以下までを必要経費とすることができます。

たとえば、20万円のパソコンを2台買ったとしましょう。

そのとき、2台とも一括で経費にできます。

なぜなら、一つの資産が30万円未満であればいいからです。この場合、パソコン1台あたりの金額が20万円ですので問題ありません。さらに、年間３００万円が上限ですから、20万円のパソコンであれば15台まで一括経費にできます。

不動産賃貸業の場合は、カーテン付で部屋を貸す大家さんもいることでしょう。カーテンは1室あたりで計算しますので、1室あたり30万円未満であれば一括経費にできます。何室あっても年間総額３００万円までは必要経費にできます。

早期に経費処理できる便利な制度ですので、その年の状況にあわせて、うまくご活用ください。

36 「一括償却資産制度」を利用して節税

10万円以上の資産を早期に必要経費として処理できる

◎累計150万円以上の償却資産になるのであれば、「一括償却資産制度」を利用しよう

「一括償却資産制度」という制度も節税に利用できます。

この制度は、**20万円未満の資産を購入した場合、3年で均等に減価償却できるという制度**で、これも**10万円以上の資産を耐用年数に応じて減価償却せずに、早期に必要経費として処理できるよう制度化されたもの**です。早期に経費処理できることを上手に利用して節税しましょう。

とはいえ、実際の実務においてはこの制度を利用することは多くありません。私も実際にこの制度を利用したのは数回です。

なぜなら、「一括償却資産制度」よりも30万円を一括経費にできる「少額減価償却資産制度」のほうが使い勝手がよく、30万円以内であれば購入年度の経費にできるために、節税の効果が高いからです。

ただし、**次のような場合には、「一括償却資産制度」を使うと有効的**です。

①普通に減価償却するよりは必要経費を多くしたいけれども、30万円も経費にしたくないという場合
②償却資産の合計額が年間150万円以上になった場合

償却資産の合計額が年間150万円以上になった場合、なぜ効果的かというと、普通に法定耐用年数で償却する場合も、30万円を一括経費にする「少額減価償却資産制度」の場合も、固定資産税の対象となるためです。

償却資産の固定資産税は150万円までなら免除されますが、150万円を超えると、固定資産税を評価額の1・4％も支払う必要が出てきます。

それが、この**「一括償却資産制度」を利用して、3年で償却していれば、固定資産税を支払う必要がない**のです。

37 もう迷わない！「リフォーム費用」を上手に節税

必要経費とするか資産計上するかによって節税額が変わる

◎リフォームで節税を戦略的に行なう

不動産経営にリフォームはつきものです。大家さんとしては、入居者のため（借家人付けのため）にリフォームしたい、でもできるだけ安く工事を済ませたい、リフォームしてきれいにしたから家賃を上げたい、などと思うでしょう。

そのリフォームには、定期的な修繕もあれば、原状回復やリノベーション、屋上防水、外壁塗装といった大規模修繕まで、さまざまなリフォームがあります。

そしてこのリフォームが、節税と融資に大きく影響してくるのです。

リフォーム費用を一度に必要経費にするのか？　それとも資産計上するのか？　その処理の仕方によって、個人の確定申告や法人の決算に大きく影響を及ぼします。

よく勘違いしている人が多いので最初にお伝えしておきますが、一度に必要経費にするのも毎年少しずつ必要経費にしていくのも、結局は必要経費として所得から差し引く額に差はありません。違うのは、早めに税金を支払うかどうかだけです。

不動産投資をしている以上、キャッシュはとても大切です。そのため、早めに税金をとられてたまるものかと思うのが当然ですし、手元にキャッシュがあるほうが、経営的な選択肢が豊富です。

ですから、必要経費になるのか資産になるのかをしっかり判断し、極力単年度で経費計上できる費用は計上していきましょう。

注意点は、とにもかくにも必要経費に計上してしまって、赤字になってしまうことです。赤字のところに銀行は融資をしてくれません。

銀行から融資を受けて物件を購入したいのであれば、そのあたりも考慮して節税対策を行なってください。

38 「修繕費」か「資本的支出」かを簡単に判断する方法

「修繕費」か「資本的支出」かは、リフォームの目的で判断する

◎20万円が一つの判断基準

リフォーム費用は、「修繕費」と「資本的支出」の2つに分けられます。

「修繕費」とは、破損箇所の修繕や定期的な修繕のための支出のことで、今までと同じような状態に修理すること（原状回復）です。

「資本的支出」とは、使用可能期間を延長（耐久性アップ）、または資産の価値を増加させるような支出のことで、建物や部屋の用途を変えることも資本的支出になります。

「修繕費」であれば、その費用を一度に必要経費にすることができますが、「資本的支出」であれば減価償却しなければいけません。

その判断基準ですが、国税庁の通達に従った20万円と考えてください。つまり、資本的支出に該当する内容であっても、20万円未満のリフォームであれば、迷わず修繕費として一括経費にしても問題ありません。

20万円以上のリフォームの場合は、国が定めた形式判断基準に従ってください（左図）。

■「修繕費」か「資本的支出」かの形式判断基準

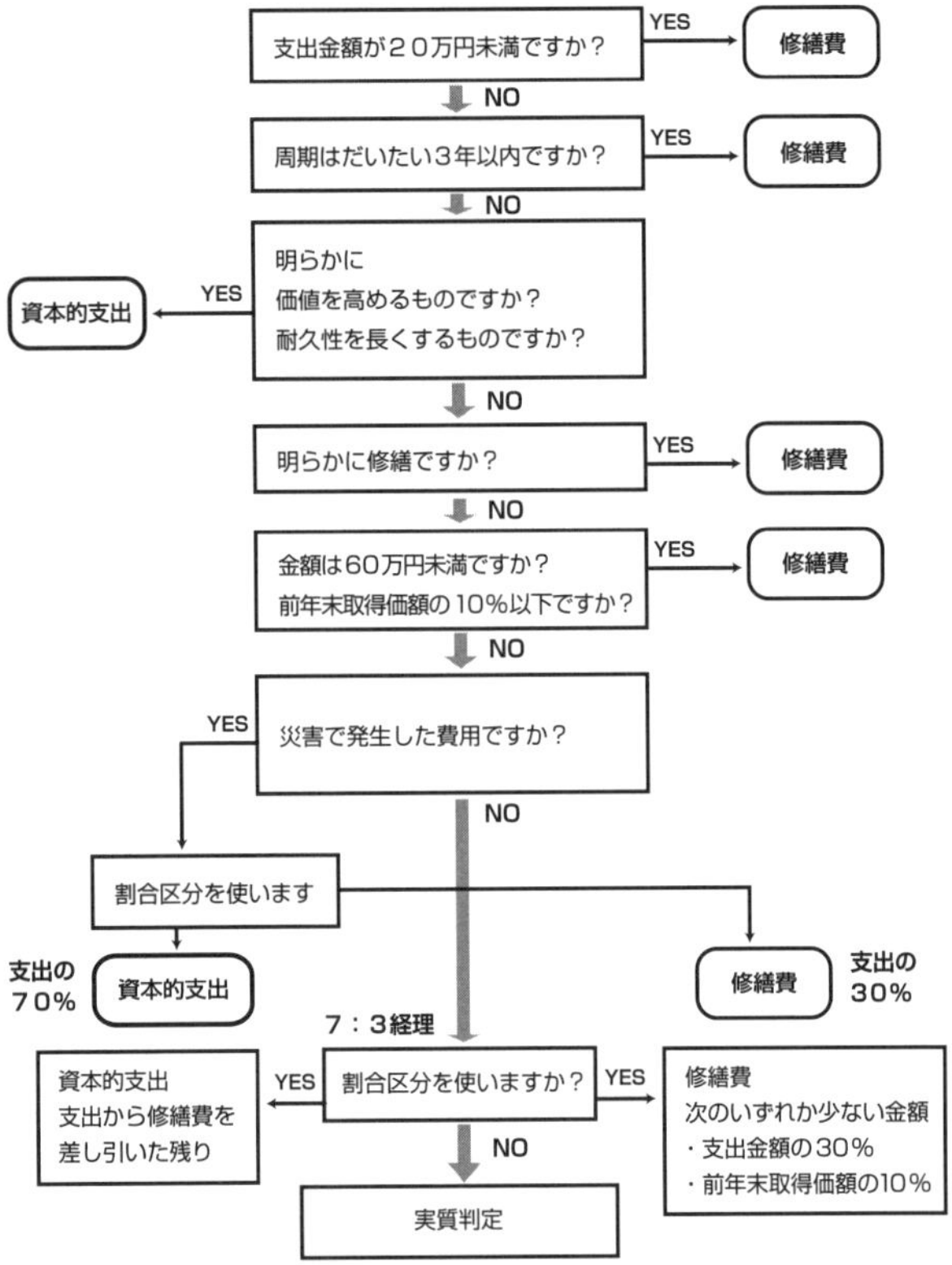

39 こんな場合はどうなる？ リフォームの疑問を解決！

判断が難しいリフォームQ&Aを一挙大公開

◎「修繕費」か「資本的支出」かをそれぞれのケースで見ていこう

ここでは具体的に、「修繕費」になるか「資本的支出」になるかを見ていきましょう。

給湯器が故障したので交換。15万円の支出であれば、20万円未満なので「修繕費」です。

経年劣化によるエレベーターのロープ、インバーターを同種のものに交換した支出が120万円。内容から明らかに修繕費です。

和室をフローリングに変えて洋室に変更し、19万円の支出でした。20万円未満なので「修繕費」ですが、20万円以上であれば、内容から「資本的支出」としておきましょう。

マンションの一室の床に穴が開いたので床を修理し、25万円の支出。内容から「修繕費」です。

退去者が出たので**壁紙、床材などを原状回復**し、100万円の支出。内容から「修繕費」です。

もともと**床は塗装仕様だったものをゴムシート張りにした**費用が100万円であったならば、内容からも金額からも明らかに「資本的支出」です。

全部屋をカラーインターホンに変更し、1室あたり3万円、トータルで84万円かかりましたが、1室あたりが20万円未満であるので「修繕費」とできます。

鳩ネット（ベランダなどに付ける鳩避けの網）の取り付け費用が100万円。もともと鳩ネットがついていて、それに**穴があいてしまって新しいものに交換**したのであれば「修繕費」。新たに設置したとしても「消耗品費」などとして必要経費にできます。

外壁塗装を行なって800万円の支出。外壁塗装は定期的に行なわなければ建物の劣化も著しくなります。原状回復ということで「修繕費」です。

外壁に塗装をするかわりにタイルを貼り付け、100万円の支出であれば「資本的支出」です。

屋上防水に100万円の支出であれば、定期的に行なわなければ建物の劣化も著しくなります。「修繕費」です。

エントランスのデザインを変更し、70万円の支出でした。これは「資本的支出」です。

駐車場の石砂利を補充し30万円の支出でした。補充なので修繕費ですが、**あらたに土地を取得して砂利を敷いた場合**には「資本的支出」になります。**駐車場を石砂利からアスファルトに変更**し、65万円の支出であれば「資本的支出」です。

入居者用コインランドリーを新設し、60万円の支出でした。新品取得なので「資産計上」です。

自転車置き場を設置しました。これも新設なので「資本的支出」です。

バランス釜の寿命がきてボロくなったため、新しいバランス釜への交換も可能であったが、これを機にユニットバスに変更して80万円かかった場合には、「資本的支出」です。

イギリスのガーデニングを参考に、花壇を変更し、55万円の支出でした。価値をアップしているので明らかに「資本的支出」です。

植物の剪定（せんてい）費用は「修繕費」です。現状維持費として、必要経費扱いで大丈夫でしょう。

ちなみに植物は15年の法定耐用年数が定められています。他にも金魚が2年、鳥は4年、その他の動物は8年なので、たとえば象は8年になります。実際に、お医者さんで診察の待合室に置く水槽に何百万円もする金魚を購入し、資産計上している方がいます。

このように、生物も資産です。覚えておきましょう。

◎間取りを変更した場合の節税方法

部屋の間取りを2ＤＫから1ＬＤＫに変更し、１００万円の支出でした。用途変更なので、明らかに「資本的支出」です。

しかし、前入居者が壁などを破損したり汚損していたりすると、全部を原状回復しようとすると１２０万円かかります。１ＬＤＫに変えてしまった方が安くなるので１ＬＤＫに変更するといったように、変えたくて変えるのではなく、安いため、あるいはしかたなく変えるような場合であっても、原状回復として１００万円を「修繕費」として計上することは難しいでしょう。

実際にあった話なのですが、入居者が退去した後、ゴミは堆積したまま、壁にはシミがたくさん付着している状態だったために、壁を一度取り壊さざる得なくなった部屋がありました。その費用は、壁をもう一度つくり直すよりも、壊したまま、取り去ったままの方が安い。

こんな場合ですが、間取り変更で20万円以上の費用がかかりました。取り壊したのみでほとんど手を加えることはなかったため、「修繕費」として処理しましたが、工事の内容によっては「資本的支出」としての検討も必要ですので慎重に検討してください。

◎看板やポストに関する節税

看板やポストの場合はどうでしょうか？

マンションの入口にある看板を変更して70万円かかったとすると、新たな資産取得なので、「資本的支出」になります。

しかし、**もともとの看板が錆びてしまっていて、一部交換せざるを得なかった**としたら「修繕費」とすることができます。

物件の名称を変更するために看板を交換していたら「資本的支出」（新品の看板を購入するので資産の取得になる）ですが、**物件の名称を変更するために、元の看板を撤去**した費用が50万円かかったとしたら、その費用は全額「必要経費（撤去費用）」にできます。

集合ポストのいくつかが錆びてしまって使えない。個別に交換できないので50室分を変更して75万円の支出をしたとします。**錆びて使えない状況の改善**ですが、新品取得となり、「資産計上」となります。

しかし、同じく錆びて使えない状況でも**鉄製のものをステンレス製のポストに変更**するというような場合には、物件の価値が上がってしまうので「修繕費」と「資本的支出」に分けます。

取り替えた分と価値が上がった分とを分けて、価値が上がった分だけを「資本的支出」とします。このポストの場合、厳密にいえば、鉄製の見積もりとステンレス製の見積もりをとって、その差額を「資本的支出」として資産計上します。もちろん全体を「資本的支出」にする分にはまったく問題ありません。

集合ポストを新規に取り付けると、新規であるために「資産計上」ですが、**新規でも1室ごとに交換できる単品であって、1室あたり1・5万円のポスト**であれば「修繕費」とすることができます。

◎壁紙や部屋に関する節税

1室の全部屋（2LDK）を打ちっぱなしの壁から壁紙に変更し、40万円の支出であるならば、用途変更なので「資本的支出」です。

元々はセパレート型のキッチンであったものを、システムキッチンに替えて40万円かかった場合には、資産価値がアップしているので、資本的支出です。

ボロくなって替える際に、セパレート型のキッチンをシステムキッチンに替えるのであれば、元のセパレート型のキッチンの見積もりとシステムキッチンの見積もりを取り、差額を「資本的支出」として資産計上します。残りの同額の部分は、「修繕費」と「資本的支出」のどちらに該当するかを判断します。１７８ページのフローチャートを使って判断してください。

◎空室率の高い物件をリフォームした場合

空室率の高い物件をリフォームした場合はどうでしょうか？

30室全室が空室の物件を購入し、各部屋50万円×30室＝１５００万円をかけて原状回復するというように、購入時に全室空室でリフォームするならば、その費用は建物の取得価額に含めなければならず、「修繕費」にはなりません。

空室率５割くらいの物件を購入し、空き部屋を順次現状回復しながら入居者を募集していく分には、「修繕費」として処理できます。

しかし、全室空室の物件を購入し、最初に3室だけ原状回復して募集。その3部屋に入居者が決まってから、さらに次の3部屋を原状回復して募集……といった具合に、複数部屋ごとに原状回復していって、トータルで1年間くらいかかったとしたら、原状回復として修繕費と考えられなくもないのですが、必要経費として認められない可能性のほうが高いのでお勧めしません。購入時にリフォームしてしまって、「取得費（資本的支出）」として資産計上するべきでしょう。

◎こんな場合はどうなる？　すべて19万円の工事

さて、まずはこの事例を読んでください。

〝物件を購入した後、看板の変更、エントランスに照明を新たに取り付け、入口の一部が錆びていたので塗装。その際、看板、照明、塗装の色選定は、イメージをガラリと変えたいので、プロのデザイナーにデザインを依頼。たまたま、看板、照明、塗装、デザインのそれぞれの料金はすべて19万円の見積もりとなり、トータルで76万円かかった〟

もし、19万円だからといって必要経費としていたとすれば、税務調査のときに「入口を変えるために、全部で76万円をかけて変えられたんですよね？」と言われかねません。

ただ、全部が全部「資本的支出」にしなければならないかというとそうではないので、もし必要経費を増やしたいのであれば、たとえば、看板を「少額減価償却資産」（171ページ）として扱えるのかどうかなど、個別に明細を見ながら決めます。

ただし、1点だけ、この事例で注意をしなければならないことがあります。

それは、デザイン料についてです。

デザインだけして、工事をしない場合は必要経費にせざるをえませんが、デザインというのは、他のところに影響するものです。

工事をやった以上は、デザインと工事はセットです。デザイン料は別という考え方はせず、工事費用にデザイン料を上乗せします。

たとえばこの事例であれば、「看板と照明と塗装の色選定（デザイン料）」を3分割したもの（19万円÷3＝6・33万円）を、看板、照明、塗装の料金（19万円）それぞれに乗せた6・33万円＋19万＝25・33万円ずつとなりますので、必要経費ではなく資本的支出として資産計上するようにしましょう。

40 新築マンションを購入した場合の定期修繕は？

過去の実績が必要とされるのが一般的

制

◎過去の実績がない場合は、他社の実績を参考にする

あなたの会社は、3年前に新築のRC造りのマンションを購入しました。このマンション施行業者から、「特殊な外壁を使用しているので、大体3年ごとにその外壁の塗装・修理等が必要である」と言われていました。

また、「同じタイプのマンションを他社に購入してもらったときには、同じように3年ごとに外壁の塗装・修理等を説明し、実際に行なってもらっています」との説明を受けています。

あなたの会社は購入後3年を経過した今期に、このマンションの外壁塗装を行ない、その費用200万円を「修繕費」として処理しました。

この200万円は、「修繕費」として計上して問題なかったのでしょうか。

フローチャート（１７８ページ）で判断すると、まずおおむね３年以内の期間を周期として行なわれる修理・改良等については、修繕費として処理できると判断できます。しかし、このマンションは新築のため、過去の実績がありません。実績がないので、「資本的支出」ではないのかと追求されるかもしれません。

そこで、「このマンションに対する過去の修理等の実績はないけれど、マンション施行業者から、他社はおおむね３年で外壁塗装修繕を実施している旨を聞いているため、３年での塗装であったことから修繕費として処理をした」ことを主張すれば、全額を一括「修繕費」として計上して問題ないでしょう。

ポイントは、過去の実績が必要とされるのが一般的だということです。

この事例のように、過去の実績がない場合でも、**他社の実績から見ておおむね３年以内の期間を周期として修理・改良等が行なわれることが明らかな場合**には、「修繕費」として処理することができます。

税務調査がある場合は、説明資料として過去の実績を証明する書類が必要です。その実績を立証できる修理・改良等の記録を用意しておきましょう。

41

「用途変更」の工事費用の処理には注意が必要

用途変更は「資本的支出」になるのが一般的

◎用途変更の費用を修繕費とすることは危険

節税の話から少しだけ離れますが、「用途変更」の経理処理には注意が必要です。

用途変更のための費用は、「修繕費」として処理してはいけません。**基本的に「資本的支出」として処理すること**です。

たとえば、あなたが2階建て軽量鉄骨の建物を、1階はテナント、2階は居住用として賃貸しているとします。

ところが、2階居住用の空室期間が半年以上となり、また地域的にもテナントとしての賃貸をしたほうがいいと判断したため、2階部分もテナントとして賃貸できるように改装工事をしたとしましょう。

その改装工事にかかった費用は300万円。あなたはこの工事費用300万円全額を「修繕費」として処理しました。これは問題ないのでしょうか?

結論から言うと、この３００万円を「修繕費」として計上することは間違いです。なぜなら、居住用からテナント貸し用に用途を変更すれば、明らかに「資本的支出」となるからです。

というのも、居住用からテナント貸し用に建物の用途を変更するためには、模様替えを行なったり、その建物の機能や利用の内容が変わる場合があります。そして、そのような場合に、その模様替えのための改造や改装に支出した費用は、その建物の価値を高めるための支出とされます。つまりその費用は「資本的支出」となり、資産計上する必要があるのです。

賃貸アパートやマンションをつぶして駐車場や店舗にすることも、「用途変更」ですから「資本的支出」となります。

「修繕費」とはあくまで、〝元通りにする〟ことなのです。

そのため、建物などに改造や改装工事を行なった場合、その費用が「資本的支出」にならないかどうかをしっかりとチェックする必要があります。

改造工事等により、建物の機能や利用の内容が変わる場合には、用途変更のための支出も20万円以上であれば「資本的支出」に該当します。

42

耐用年数経過後に行なわれた「建物の補修費用」

あくまで法定耐用年数であって、資産の絶対的な使用可能期間ではない

◎通常の資産と同じ基準で決定する

建物には「法定耐用年数」というものがあります。

この法定耐用年数を経過した建物の補修費用は、どのように処理すればいいのでしょうか？

法定耐用年数を経過しているということは、その建物に資産価値がなくなったとも考えられます。そのため、耐用年数がまだ残っている建物とは処理の方法が異なるとも考えられるでしょう。

たとえば、あなたが所有する賃貸用マンションが、築後47年と法定耐用年数をすでに経過しているとしましょう。47年も経っているので、帳簿価額は1円になっていますが、まだまだ使用に耐えられる状態です。

とはいえ、マンションの各部屋の壁紙が古くなってきたので、これまでと同じ材質の

壁紙を使用して張り替え工事を行ないました。この工事代金を「修繕費」として経費処理することは可能なのでしょうか？

結論から言うと問題ありません。

すでに法定耐用年数が経過した資産の補修費用であっても、通常の維持管理のために必要な費用として「修繕費」になります。

法定耐用年数は通常の維持補修がなされることを前提として定められたものです。

しかし、原則として、各期の減価償却費の税務上の限度額を定めるために用いられるもので、必ずしも法定耐用年数がその資産の絶対的な使用可能期間を表しているものとはいえません。実際にその建物が、物理的にどれくらいの耐用年数があるかということと、法定耐用年数は本来別です。

したがって、すでに**法定耐用年数を経過した資産についても、現実にその資産を使用している限りは、通常の資産と同じ基準で「資本的支出」なのか「修繕費」なのかの区分けを行なうべき**です。つまり「減価償却資産」として処理するのか、「一括経費」とするかの区分けを行なうのです。とくにこれまでと同じ材質の壁紙を使用しての補修であれば、「修繕費」として処理することが可能です。

43

「機能復旧補償金」で資産を取得した場合

修繕費として認められるので節税につながる

◎「資本的支出」にあたる支出でも「修繕費」として処理できる

住宅密集地でよく問題になるものに「電波障害」があります。この電波障害を復旧させたときの費用の処理はどのように行なえばよいのでしょうか?

たとえば、あなたの会社が不動産貸付業を営んでいて、所有する賃貸用マンションで、隣に高層マンションが建設されたため、テレビの映りが悪くなる電波障害が生じたとしましょう。

そこで電波障害を解消するために、共同受信アンテナを設置(工事費用100万円)し、その費用を高層マンションの施主から電波障害に対する補償金として受け取ったとします。アンテナの設置費用は「修繕費100万円」と処理し、受け取った補償金は「雑収入100万円」とする経理処理を行ないました。

受け取った補償金を「雑収入」として経理処理することは、間違っていません。

設置した受信アンテナ設備を経費処理することも、本来であれば高層マンションが建設されなければ支出がなかったものであり、その受信アンテナ設備を建てたからといって、高層マンションが建設される前より受信状態が良くなったというわけでもないでしょう。ですから、受信アンテナ設備の支出は「修繕費」として処理できます。

受け取った補償金で資産を購入したような場合、補償金は収入として計上し、その固定資産の取得や改良に要した費用が20万円以上の場合、内容からすると「資本的支出」として資産に計上しなければなりません。しかし、それでは減価償却はできても、もらった補償金には約40％の法人税等がかかってしまいます。

そこで、固定資産の通常の維持管理や災害等により毀損した固定資産を原状回復するための費用が「修繕費」であるという考え方に基づき、本来であれば「資本的支出」に当たるような支出であっても、「修繕費」として処理することが認められています。

よくあるケースとしては、**電波障害、日照妨害、騒音**などによる機能の低下がありま す。その原因を引き起こした者からその機能を復旧するための補償金の交付を受け、その補償金を使って、その交付の目的に適合した固定資産の取得または改良をした場合などです。

44

「現状より良い部品などに交換」したときは？

「修繕費」部分も「資本的支出」になるかどうかの確認が必須

制

◎10％を超える場合は、形式的判断基準のフローチャートで判断

あなたの会社は、収益物件の窓枠がかなり老朽化してきたため、その窓枠を全部取り替えることにしました。

その際、これまでのスチール製のサッシからより品質の高いアルミ製のサッシに取り替えることとしました。取り替えのために支出した費用は300万円です。

・従来と同じスチールサッシに取り替えた場合にかかる費用は200万円
・収益マンションの取得価額は5000万円

今回、取り替え費用300万円のうち200万円を「修繕費」、差額の100万円を「資本的支出」として会計処理しました。

おさらいをかねますが、元々あったものから価値をアップさせて交換した場合、同じものと交換したときの金額を「修繕費」として、価値がアップした分は「資本的支出」として資産計上するのが基本でした。

ただし、「修繕費」として処理する部分についても、「資本的支出」になるのか「修繕費」になるのかの検討は必ず行なわなければなりません。

資産の一部をこれまでより品質の高いものに取り替えた場合には、これまでと同質のものに取り替えた場合の費用と、品質の高い部品に取り替えた場合の費用との差額のみを資本的支出とするだけではいけません。**残りの部分についても「資本的支出」か「修繕費」かの判定をする必要があります。**

今回の例では、２００万円は物件取得価額の10％（５００万円）以下です。したがって、全額「修繕費」と処理しても問題ありません。

これが２００万円ではなく、６００万円と、取得価額の10％を超えるケースもあります。その場合は、形式的判断基準のフローチャート（１７８ページ）を使って、さらに次の判断区分をしなければなりません。

45

「区分所有」の物件の修繕積立金は必要経費になる?

修繕目的であれば「修繕費」として必要経費にできる

◎修繕積立金を上手に使って節税しよう

区分所有物件（ワンルームマンションなど）を持っている大家さんもいるでしょう。

区分所有物件では、「修繕積立金」をマンションの管理組合に支払うことがあります。

この修繕積立金は通常、返還されません。そのため「修繕積立金」は「修繕費」として必要経費にすることができます。

また、管理会社の中には、「**修繕積立金制度**」のある会社があります。

区分所有ではなく一棟ものの物件なのに、修繕積立金が管理会社に徴収されてしまうのです。

このような管理会社と契約し、たとえば家賃10万円の中から修繕積立金として2万円を渡せば、修繕費を積み立てることができます。

修繕はその管理会社が行なうため、大家としては関係ありません。

退去するごとにその会社が修繕の面倒を見るという契約になります。

このような契約で渡した費用は、修繕費として必要経費にできます。

話は変わりますが、**賃貸物件の購入は、相続税の節税スキームの一つ**でもあります。

たとえば、一棟ものの収益物件を1億円（土地6000万円、建物4000万円）で購入したとしましょう。この購入時の値段は「時価」です。

この物件を相続する場合には、相続財産としての評価が行なわれます。土地は「自用地評価額」、建物は「固定資産税評価額」を基準に評価されるので、購入時の時価とは差が出るのです。ちなみに土地の相続税評価額は時価のおよそ80％、建物はおよそ70％とされています。正確には次の計算式で評価します。

> 土地：自用地評価額×（1－借地権割合×借家権割合（30％）×賃貸割合）
> 建物：固定資産税評価額×（1－借家権割合（30％）×賃貸割合）

時価1億円で購入した物件の相続財産としての評価は約4000万円ですので、1億円の現金よりも1億円の物件を相続させたほうが相続税の節税ができるわけです。

第5章

大家さん！「確定申告」は絶対に青色申告がお勧めです！

46 不動産投資には、確定申告が必須！

税金は確定申告をすることで徴収される

◎年間20万円以上の不動産所得がある場合は必須

個人で収入があれば所得税、法人であれば法人税や消費税を納めるための手続きを行なうことを「確定申告」といいます。みなさんもご存じかもしれませんね。

この確定申告ですが、日本では「申告納税制度」を採用していますので、原則的には自分で申告を行なうことになっています（会社員は「年末調整」をすればいいので、会社員のほうが例外です）。

大家さんになれば支払うことになる税金をこれまで紹介してきましたが、これらの税金は、確定申告をすることで徴収されます。

税金を払うのに、書類が勝手に税務署から送られてくると思っているサラリーマン大家さんは意外と多く、「確定申告ってしないといけないんですか？」「確定申告しなくてもばれないでしょう？」といった質問をしてきます。

企業に勤めている会社員が確定申告をするのは、株の譲渡による申告であったり、医療費控除をしたり、住宅ローン控除をしたりするケースぐらいでしょうから、無理もありません。

サラリーマン大家さんが収益物件を取得して、**給与所得以外に不動産所得などの年間20万円以上の所得がある場合は、必ず確定申告をしなければなりません。**

もし確定申告をしなければ「脱税行為」となりますし、税務署はきちんと把握できますから、確定申告していないことは隠し通せません。

そしてバレると、後々何年も遡って追徴課税をとられてしまいます。無申告加算税と延滞税が課せられますので、特に延滞税は期間が長くなればなるほど大きな金額になります。

さらに、次の物件を購入しようと銀行の融資を受けるときに、「私、確定申告してないんですよ」なんていう人に、銀行がお金を貸してくれるはずもありません。そんな人を銀行は信用できないからです。

とにかく、大家さんになれば始まる確定申告。

本章でくわしく説明していきますので、しっかり理解してのぞみましょう。

47

誰も教えてくれない！ 白色申告の恐怖

あなたはそれでも白色申告をするのか？

◎**白色申告は損をする**

確定申告には「白色申告」と「青色申告」の２つの方法があります。

これは個人でも法人でも一緒です。

簡単に違いを言うと、「青色申告」は帳簿を使って申告する制度で、手間ひまかけるから税金を少しでも安くしてあげるよというような制度です。

「白色申告は〝どんぶり勘定〟だから青色申告より絶対トクだ」

「青色は面倒。白色の方が、記帳がないから楽だ」

よく、このように言う人がいますが、これは間違いです。家賃収入による所得が300万円を超えると、白色申告でも記帳の義務が発生します。

1億円の物件を1棟持っていれば、年間の所得は300万円くらいになります。さらに物件を買うのであれば、記帳不要などあり得ません（平成26年1月からは全事業者が記帳する必要があります）。

白色申告の恐ろしい話を紹介しましょう。白色だからといって〝どんぶり勘定〟は許されませんし、どんぶり勘定にしていると後でとんでもないことが起こります。

それは**白色申告を行なった個人や法人に対して、税務署が「推計課税」を行なうことです。**推計課税は、主に次のようなケースで行なわれます。

- ・帳簿の保存状態から収支の把握ができず、まともに税務調査ができない場合
- ・帳簿書類が不正確で信頼性を損なう場合
- ・税務調査の妨害をすることで申告内容が確認できない場合

推計課税とは、その名の通り、税額計算を推計で行なうということです。

業種や業態、立地条件、企業規模、類似性など、できる限り同じような賃貸業の会社をサンプリングして、これぐらいの規模だったらこれぐらいの収入が出るだろうと推測

されて課税されるのです。

「家賃収入が3000万円あれば、普通は年間の利益が2000万円は出るでしょ？　じゃあこれだけの金額を納税してくださいね」という具合です。

実際には利益が100万円だったとしても、200万円の利益があるとして課税されます。たとえ割高になったとしても反論はできません。

「推計課税」の制度は、課税の公平性の観点から、帳簿の保存が適正にできている者と不正確な者との間で不公平が生じてはいけないため、ということから法律的に認められている制度です。

反論しようと思っても、よほど確実な根拠づくりをしない限り勝ち目はありません。

白色だったら楽でいい！　そんな気持ちで白色申告をするのなら危険です。

節税するため、あるいはしっかりと利益を残すためには、きっちり帳簿をつけて「青色申告」をすることをお勧めします。

48

メリットいっぱい！ 青色申告はとことん使い倒しなさい

青色申告にはいろいろな特典がある

個人事業主でも法人でも、「青色申告」をすれば節税効果が大きいとお伝えしました。

青色申告のメリットをまとめると、次の通りです。

◎青色申告のメリット

①青色申告特別控除が利用できる（10万円あるいは65万円の控除↓209ページ）
②家族に給与を支払うことができる（青色事業専従者給与制度↓213ページ）
③赤字を3年繰り越せる（法人の場合は9年↓219ページ）
④減価償却制度の各種特例（少額30万円未満↓4章「35 少額減価償却資産制度」など）

他にも青色申告にするメリットはありますが、不動産賃貸業で利用できる主なものは以上です。

■ 青色申告・白色申告 特典比較表（個人）

項目	青色申告	白色申告
①青色申告特別控除の制度	10万円特別控除 事業的規模であれば 65万円特別控除	制度なし
②損失の繰越控除制度	赤字が出た翌年から３年は その損失を繰り越せる制度	制度なし
③生計一親族に支払う給与	青色事業専従者給与制度 ＊事業的規模のみ	＊事業専従者控除制度
④減価償却制度の各種特例	適用できる	適用できない

◎青色申告は事前申請が必要

また、大切なことがあります。

それは、青色申告をするためには、事前に申請をしなければならないということです。

これを知らず、申請を行なわなかったために、白色申告をするはめになり、大損した投資家の人が実際にものすごくたくさんいます。

個人事業主の場合には「青色申告承認申請書」を開業日から2カ月以内に税務署に提出する必要があります（法人の場合は設立後3カ月以内）。

その際、**「青色事業専従者給与に関する届出書」**も同時に提出してもよいでしょう。

とくに大家さんになったばかりの方は事前の申請を忘れがちですので、気をつけてください。

49 青色申告で65万円の特別控除が受けられる

「複式簿記」「事業的規模」が条件

◎**青色申告をすれば、必然的に必要経費が増える**

青色申告をすれば、特典として少なくとも「10万円」を必要経費として所得から差し引くことができます。

さらに、不動産賃貸業が「事業的規模（5棟10室）」になり、「複式簿記」で確定申告すれば「65万円」を必要経費として差し引けます。つまり、**青色申告をするだけで節税できる**わけです。

たとえば、ある1年の「課税所得」が６００万円だったとします。「所得」は不動産事業で得た利益を指しますが、「課税所得」はその所得から「所得控除」を差し引いたものでした。税金はその「課税所得」に対して、税率をかけたものです（26ページ）。

青色申告で65万円の特別控除を受ける場合と白色申告で何も受けない場合とでは、所得から差し引ける所得控除に65万円の差がありますので、納税額を比べると約20万円

（65万円×税率30％（所得税20％、住民税10％））の差が出ます。

さらに所得が増えると税率も上がっていくので、納税額の差はもっと開いていくことになるのです。

◎青色申告で65万円の控除を受ける条件とは？

この65万円控除の青色申告ですが、控除を受けるためには条件が2つあります。

一つが「**複式簿記**」を行なわなければいけないこと。

もう一つが、不動産賃貸業が「**事業的規模**」で行なわれていることです。

「複式簿記」とは、取引を借方・貸方に分け「1つの取引を2つ以上の勘定科目に振分けして記入していく」という帳簿の記入方式のことです。

と聞くと、「なんのこっちゃ？」と不安に思う人も多いでしょう。

しかし、不動産賃貸業には、仕入れも商品の売上も難しいことはほとんどありません。

家賃をもらって、リフォームして、管理会社に手数料を払って……と、お金の出入りが他の事業に比べて極めて単純です。

だから個人の場合は、税理士にお願いしなくても自分で記帳することができるレベルです。これは、市販の会計ソフトを使えば済んでしまいますので、ほとんど問題ではありません。

◎青色申告で65万円の控除を受ける際の注意点

もう一つの条件が、「事業的規模」であると認められなければいけない点です。

事業的規模とは、いわゆる「**５棟10室**」です。独立家屋の貸付けについては5棟以上、貸間やアパート等については貸与することのできる独立した室数が10室以上のいずれかであれば、事業的規模とみなされます。

実際にこんなことがありました。不動産としては「区分（マンションの部屋1戸。不動産業界では〝区分所有〟と呼ばれる）」を5室しか所有しておらず、「事業的規模」ではないのに65万円控除して申告した人がいました。

先ほどもお伝えしたように、青色申告で65万円を必要経費として控除するためには、「複式簿記を行なうこと」「不動産賃貸業が事業的規模であること」が条件でした。ところが、この人は税務署から指摘がなかったために、問題ないと思っていました。

指摘がなかったからといって、安心してはいけません。

これは、指摘がなかったというよりは、〝受付を通った〟というのが正しい表現です。受付してもらったから問題ないかというと、そうではなく、受付は単なる受付で、申告書の提出期限から半年ぐらいの間にチェックをされます。

ただし、チェックされるのは、全数ではなくサンプリングチェックなので、金額が多い人がチェックされやすい傾向にあります。

だからこの人は、チェックされずにバレなかったのか、規模的に税務調査対象に選ばれずに指摘されることがなかっただけと思われます。

しかし、**不動産賃貸業の規模をどんどん大きくしていけば、税務調査に入られ、その際にこの65万円の控除について指摘され、延滞税や追徴課税を課せられる可能性が高くなります。**

事業的規模ではないのに、65万円の控除をすることは認められないことなので、指摘されないからといって勝手に控除することはやめましょう。

50 家族に給与を支払って節税できる!? ハイ本当です

事業的規模になれば「青色事業専従者給与」が適用可能

◎「生計を一にする親族」に給与を支払い節税できる

青色申告の特典は他にもあります。

そう、**「青色事業専従者給与」**です。

これは、事業的規模であれば、配偶者、子どもあるいは父母など「生計を一にする親族（別居でも余暇には集まり、生活費、学費、療養費が送金されている状態である親族）」に給与を支払い、その給与を必要経費にすることができる特典です。

税務署に届出した金額を給与として、「生計を一にする親族」に支払うことができます。

ただし、物件の所有者に奥さんの名前が入っている（共有名義になっている）場合には、奥さんも「事業主」となるので、「事業専従者」扱いは難しいでしょう。

白色申告の場合、配偶者は86万円、それ以外は50万円と、年間の給与支給額に制限があります。

■ 家族全体の税額比較（奥さんは専業主婦とする）

	青色申告で３００万円の給与を支払う場合	白色申告で８６万円の給与を支払う場合	給与を支払わない場合	青色申告で102万円の給与を支払う場合
不動産所得の金額（収入－必要経費）	800万円	800万円	800万円	800万円
奥さんに給与を支払った後の不動産所得	500万円	714万円	800万円	698万円
あなたの所得税＋住民税（①）	107万円	172万円	200万円	167万円
奥さんの所得税＋住民税（②）	28万円	0万円	0万円	0万円
家族全体の所得税＋住民税（①＋②）	135万円	172万円	200万円	167万円

それをふまえて、青色申告と白色申告とでは、どちらがいくら得なのか、比較してみましょう。

たとえば、あなたの不動産所得が８００万円だったとします。あなたが、「青色事業専従者給与」で、奥さんに給与を３００万円支払う場合と、白色申告で奥さんに限度額の86万円を支払う場合とを比べてみます（上図）。

家族全体の納税額から考えると、これほどの差になります。

もし、奥さんに税金がかからないように給与を支払いたければ、どのようにすればいいのでしょうか？

給与所得控除が65万円と基礎控除が38万円あるので、合計１０３万円、つまり月給８・５万円までは奥さんには所得税がかかりません（住民税の場合は、合計98万円までなら均等割部分もかかりません）。

そのため、月に８・５万円を奥さんに「青色事業専従者給与」として支給すれば、奥さんは所得税がかからずに、しかもあなたの不動産所得から奥さんの給料分が減り、あなたの不動産賃貸業の所得税と住民税をも減らすことができるのです。

これは大きな節税効果があると言えるでしょう。

◎青色事業専従者の要件とは？

このように、節税に直結するとてもありがたい「青色事業専従者給与」ですが、家族を専従者にするためにはいくつかの要件を満たす必要があります。

青色事業専従者の要件
・事業主と生計を一にしている親族であること
・その年の12月31日時点で15歳以上であること
・その年を通じて6カ月超、その仕事に専ら従事していること

◎青色事業専従者給与の適正額とは？

金額がいくらならOKという基準はありません。給与の妥当性は、具体的な基準値がありませんので、その判断は「社会通念上、相当対価」を考えてください。

たとえば不動産経営に関する帳簿を付ける作業をしている専従者に対して、月額100万円の給与を支給するとしましょう。

これは明らかにアウトです。だって、通常そんなに給与を支払う人はいませんよね。そんなにオイシイ仕事があるなら、私がその仕事をしたいぐらいです（笑）。

税務署の一般的な判断基準としては、「その業務に従事する人を一般募集する場合、それだけの給与を払いますか？」ということです。あるいは、同じ業種の水準と同じ程

6親等以内の血族、3親等以内の姻族までが親族

＜親等図＞

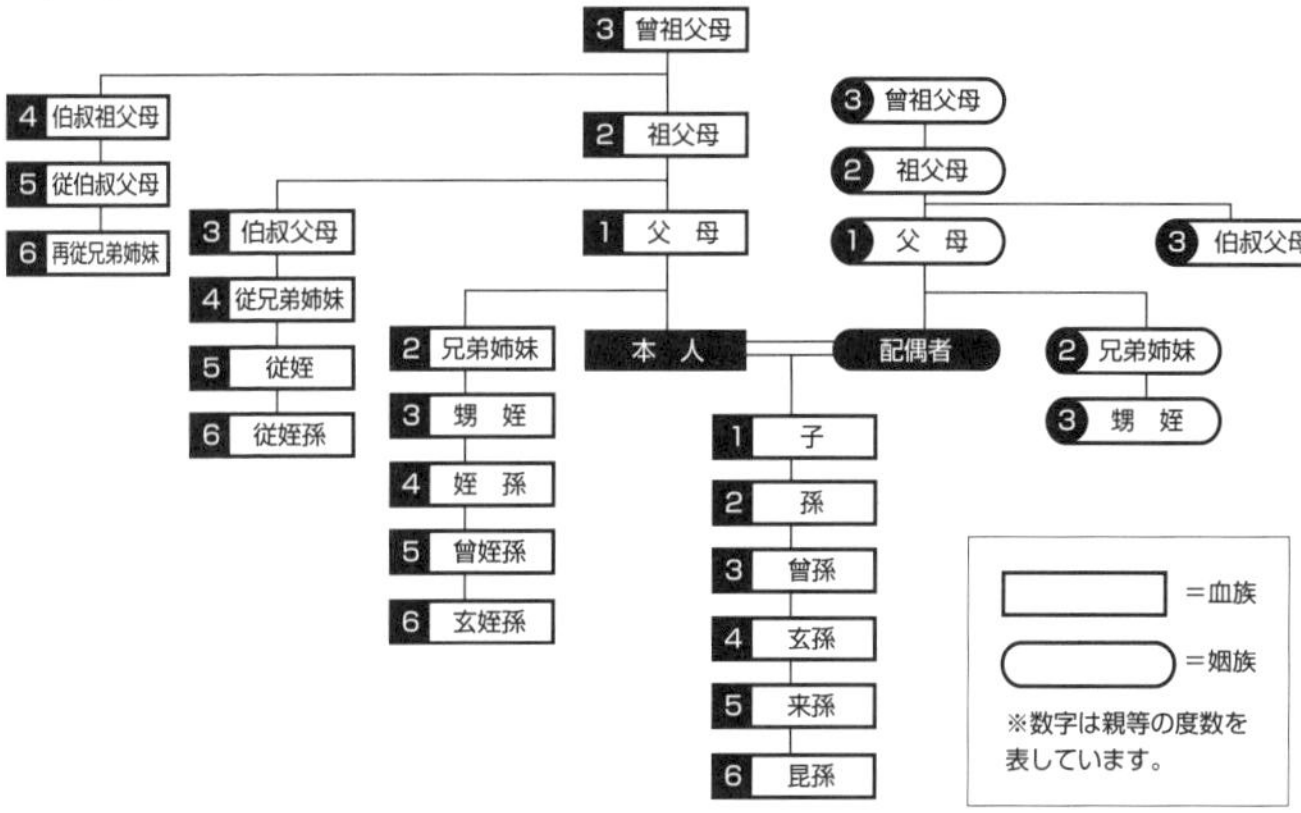

度か事業規模や収益の状況に見合うかで判断することもあります。

いずれにしても、良識的な額であれば問題ありません。物件のお掃除だけをしている奥さんが、世の中の一般的な会社員以上の年収をもらっていたり、不動産所得が５００万円しかないのに、奥さんに４００万円の給与を支払っていたりするのは、良識的な額ではありませんよね。

一般募集するときの提示額や、同業種の給与水準などを基準に考えつつ、仕事の内容や経験に応じて増加させることがポイントです。たとえば資格などを持っていたり、高度な仕事をしたり、特別な技術を持っていたりするのであれば、基

準にプラスアルファした給与を払っても認められます。

もしも**青色事業専従者給与が過大とされた場合は、給与を引き下げないと必要経費にならないばかりか、「贈与」とみなされ、「贈与税」が発生します。**「贈与税」は年間110万円までの控除が認められていますが、それ以上支払った給与分には専従者に「贈与税」が課せられます。もちろん給与とみなされなかった分は、不動産所得から控除されませんので、事業主には「所得税」と「住民税」がかかってしまいます。

◎青色事業専従者給与の注意点

青色事業専従者給与の支給は、届出書の範囲内であればいくらでも支給できます。ただし、**毎月定額にしなければなりません。**

たとえば、月額20万円で届出をしたとして、今月は退去が相次いだから10万円にしよう。次の月は入居したから20万円に戻そうといった変動的な支給方法ができません。**変動的にすると必要経費にならない**ので注意してください。

もし、届出書の額を超えて支給（たとえば毎月25万円）したいとなったら、月額20万円からの変更となるため変更届出書を税務署に提出してください。

51 青色申告、赤字を繰り越すことも可能です

青色申告でなければ赤字を繰り越すことはできない

◎個人の場合でも、赤字を3年間は繰り越せる

青色申告のメリットの一つとして、赤字が繰り越せる制度があります。

そんなおトクな制度があるの？　そう思った方もいるかもしれませんね。順を追って説明していきましょう。

たとえば、あなたがサラリーマン大家さんで、不動産所得が３００万円の赤字だったとします。

この場合、あなたが会社からもらっている給与所得が４００万円だったとしたら、２つの所得を合算して１００万円（給与所得４００万円－不動産所得３００万円）の所得とすることができます。これを「**損益通算**《そんえきつうさん》」と言います。

また、通算しきれないほどの赤字が残ってしまうことを「**純損失**《じゅんそんしつ》」と言いますが、**純損失は個人の場合で翌年以降3年間繰り越して各年の所得から控除することができます。**

つまり、課税所得が減り、税金が減ることになるので、節税になります。これが青色申告の大きな節税メリットと言えるでしょう。

たとえば、給与所得が200万円、不動産所得がマイナス900万円の場合、「損益通算」をすると繰越損失が700万円となり、この700万円を3年間繰り越して所得から差し引くことができます（221ページ図）。

一般に初年度は赤字になりやすいので、損失を繰り越せば、3年間は所得税を「0」にできます。

◎法人は9年間繰り越せる！

法人の場合は、**損失を翌年以降9年間繰り越して各年の所得から控除することができます。**法人ですので正確には事業年度になるのですが、個人に比べて3倍の期間です。これは大きなメリットです。

さらに、法人で青色申告をしていれば、**前年が黒字だったのに今期が赤字の場合に「繰り戻し」もできます。今期の損失額を前年の所得金額から差し引き、前年分として納めた法人税から還付を受けることができます。**これは、平成26年3月31日までの期限付き

青色申告で赤字を繰り越せる！

個人：３年間赤字を繰り越し可能
法人：９年間赤字を繰り越し可能

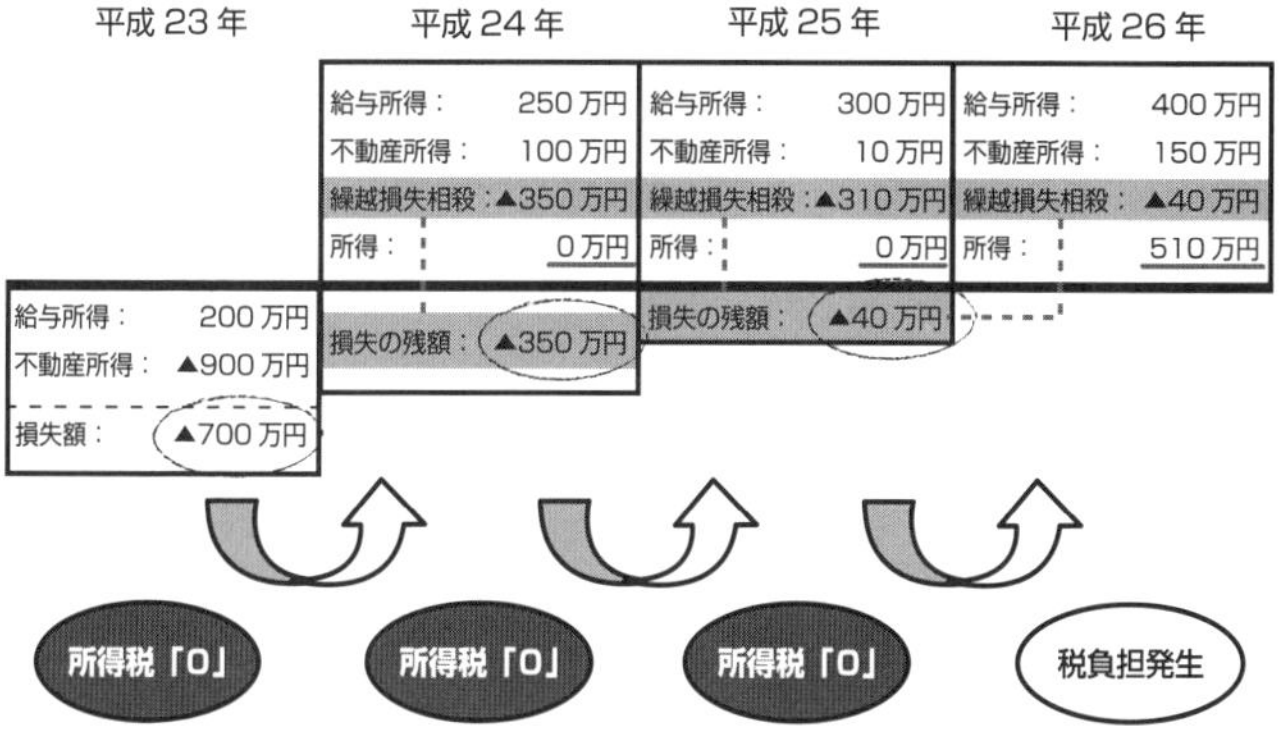

ですが、中小企業にだけ認められていて、この繰り戻しも節税となります（所得税にも純損失の繰戻し還付制度はあります）。

このような**赤字の繰り越しや繰り戻しは、白色申告では使用できません。**

「青色申告特別控除の65万円」と「純損失の繰越し」は青色申告のメリットです。青色申告承認申請書を出さなかっただけで白色申告となり、３００万円もの節税をフイにした人もいます。

期限までに青色申告承認申請書を提出することと、会計ソフトを使って帳簿を付けるだけで、青色申告のメリットを享受できるのです。

52

確定申告の準備は早めにしなさい！

「決算修正事務手続き」がポイントなので早めに進める

◎確定申告までの流れ

確定申告で青色申告にするメリットをお伝えしてきました。

ここからは実際に確定申告をする際に、どういう準備をしてどんな手続きをすればいいのか？　初めての人にはわからないことばかりだと思いますので、見ていきましょう。

会社員であれば、毎年12月中に勤め先の会社で「年末調整」という事務手続きをしていますね。扶養家族や生命保険などの金額を記載して、ハンコを押して提出するアレです。この年末調整によって1年間の給料を基に所得税の精算が行なわれます。あなたのもとにも、多めに源泉されていた所得税が還ってきたことがあるかもしれません。

ところがサラリーマン大家さんのように、会社員としての給与所得以外に不動産所得のような所得がある場合には、年末調整で精算された所得税を不動産所得など他の所得と合算して、もう一度計算し直す必要があります。そのために行なうのが確定申告です。

◎確定申告の前に行なう「決算修正事務手続き」とは？

日々の記帳業務をして、確定申告を行ないますが、確定申告書を提出する前に行なうのが、「決算修正事務手続き」です。

これは、当年1年分の損益を正しく計算し直すための手続きのことで、特段、難しいものではありません。この手続きを経て確定申告をするための数字をまとめます。

具体的には、次のような手続きを行ないます。

①前年12カ月分の会計帳簿の見直しを行ない、間違った処理をしているものを修正する
②建物や建物付属設備などの資産に関する減価償却費を計算し計上する
③前回申告時の前受け賃料があれば、当年分の収入として正しく計上されるよう修正する
④未収賃料収入があれば、当年分の収入として正しく計上されるよう修正する
⑤前払いの火災保険料や地震保険料などの当年分相当額を計上する
⑥12月請求である必要経費を計上する。また、当年の必要経費にならないものを除外する

◎確定申告に必要な書類とは？

確定申告に必要な書類は次の通りです。

①確定申告書Ｂ表（第一表、第二表）

最寄りの税務署に直接もらいに行くか、国税庁のホームページ（http://www.nta.go.jp/）からダウンロードすることができます。

確定申告書にはＡ表とＢ表がありますが、大家さんの場合はＢ表を使用するのでお間違いなく！

また、近年は「ｅ－Ｔａｘ」と呼ばれる申告方法に移行されつつあります。これは確定申告書を、インターネットを通じて税務署へ提出する方法で、国が推進しています。この場合、確定申告書の郵送はないので、くれぐれも申告を忘れないようにご注意ください。

②白色申告の場合：収支内訳書（不動産所得用）

青色申告の場合：青色申告決算書（不動産所得用）

■ 確定申告までの流れ

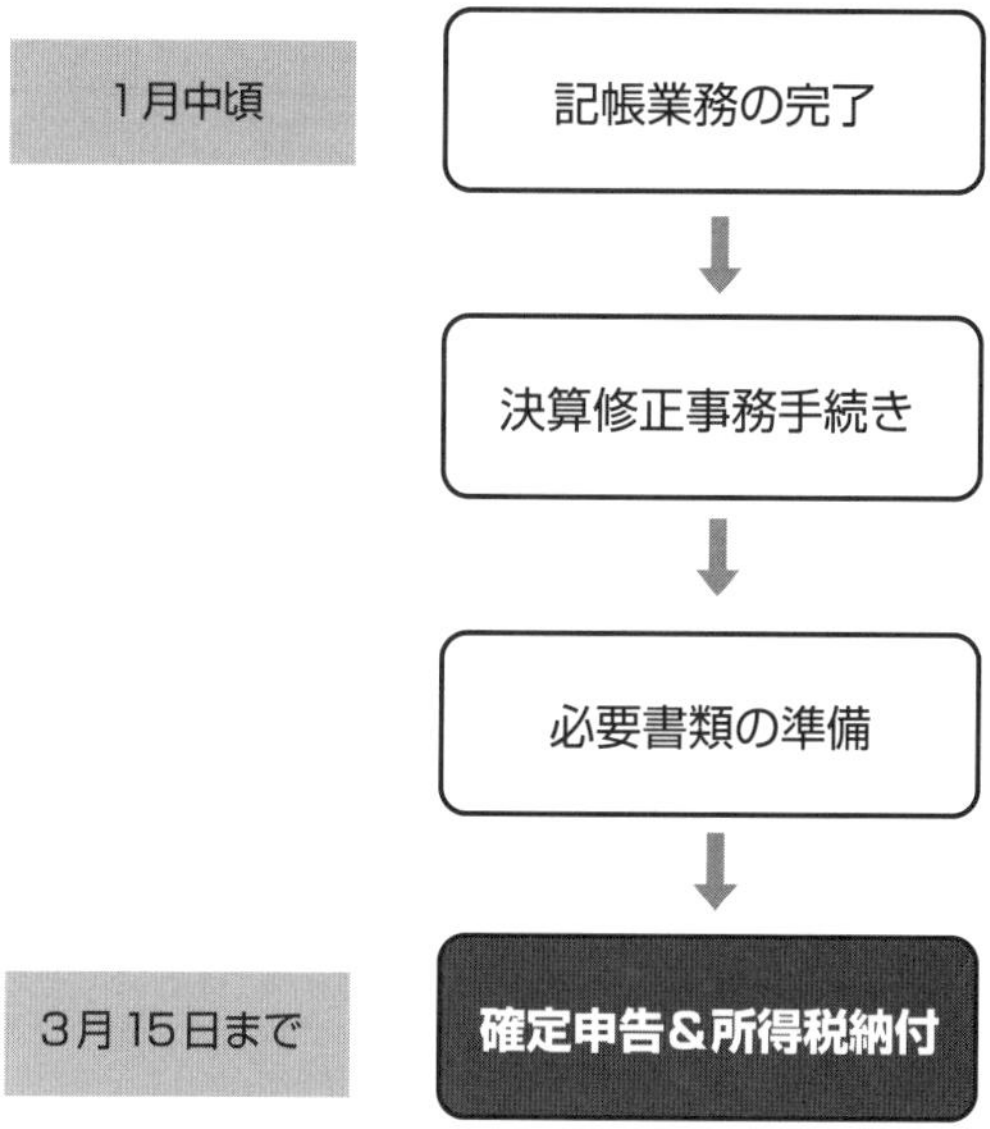

※申告書受付開始は2月16日～

貸借対照表（65万円の控除を受ける場合）

①と同じく税務署へ直接もらいに行くか、国税庁のホームページで取得します。必ず「不動産所得用」を使用しましょう！

③会社員大家さんの場合：勤め先からもらった源泉徴収票。年末調整で勤め先に渡しそびれた書類（たとえば生命保険料控除証明書、地震保険料控除証明書、住宅ローン控除に関する書類など）

勤め先の会社から取得します。もしも源泉徴収票を紛失してしまったら、勤め先に再発行を依頼してください。時間は少々かかるかもしれませんが、ちゃんと発行してくれます。

生命保険料控除証明書、地震保険料控除証明書、住宅ローン控除に関する書類などは、前年中に契約先の企業から自宅に郵送されています。これらの証明書は紛失しないようにしっかりと保存してください。万が一紛失してしまった場合には、再発行をお願いしてください（再発行せずに済むように、きちんと保管することが大事です）。

④医療費の領収書、寄付金の証明書など

一般的には**1年間に10万円以上の医療費がかかった場合、医療費控除を受けることができます。**領収書等を1年間保管し、自身で計算します。

病院や薬局の領収書以外にも自宅から病院までの交通費も、公共機関であれば、日付、公共交通機関名、出発地、到着地、金額、をわかりやすくメモに記載して保管しておけば、控除の対象となります。ただし、通院の際のタクシー代は認められていません。

また寄付金の証明書は事前に郵送されてきます。

⑤給与と不動産収入以外で収入があればそれに関する書類、一時金としての保険金収入など

該当するものがあれば、関係書類が手元に郵送されてきます。

⑥消費税の確定申告書（2年前の課税売上げが1000万円超の場合のみ）

店舗・事務所・駐車場の賃料は課税売上げです。2年前の課税売上げが1000万円超の人、もしくは、1000万円以下であっても「消費税課税事業者選択届出書」を提

出した人は、消費税の確定申告が必要です（ただし、平成23年度税制改正で一部改正。詳細は265ページ参照）。

⑦申告第三表（分離課税用・不動産を売却した個人）。

添付資料として「譲渡所得の内訳書」

不動産を売却した人のほか、株式売却など、譲渡所得の申告が必要な場合となります。

◎複式簿記には損益計算書と貸借対照表が必要

さて、「10万円青色特別控除」を適用する人は「青色決算書（不動産用）」の損益計算書に金額を転記さえすればよいのですが、「65万円青色特別控除」を適用する人は、「**損益計算書**」と「**貸借対照表**」に転記をしなければなりません。

損益計算書の作成に比べて、貸借対照表の作成を難しくて苦手だと思う人が多いのですが、難しく考えることはありません。基本は、事業の資産と負債を見直してください。具体的には、次のようなものがあります。

①事業用現金
②事業用通帳
③収益物件の土地および建物、その他固定資産
④前払いの保険料
⑤未収の賃貸料
⑥前受けの賃貸料
⑦借入金
⑧預り敷金

このうち、①から⑤が資産として、⑥から⑧までは負債として期末の貸借対照表を形成します（230ページ）。

■ 貸借対照表のイメージ

貸 借 対 照 表 （資産負債調）

（平成25年12月31日 現在）

資産の部			負債・資本の部		
科目	1月1日（期首）	12月31日（期末）	科目	1月1日（期首）	12月31日（期末）
現金	① xxx 円	xxx 円	借入金	⑦ xxx 円	xxx 円
普通預金	② xxx 円	xxx 円	未払金		
定期預金			保証金・敷金	⑧ xxx 円	xxx 円
その他の預金			前受賃貸料	⑥ xxx 円	xxx 円
受取手形					
未収賃貸料	⑤ xxx 円	xxx 円			
未収金					
有価証券					
前払金					
貸付金					
建物	xxx 円	xxx 円			
建物附属設備					
構築物					
船舶	③				
工具 器具 備品					
土地	xxx 円	xxx 円			
借地権					
公共施設負担金					
前払費用	④ xxx 円	xxx 円			
			事業主貸		
			元入金		
事業主貸			青色申告特別控除前の所得金権		
合計			合計		

53 イザ確定申告！ そのときの注意点は？

期限に間に合わなければ、加算税が課せられる

◎確定申告の期限はしっかり守ろう

書類の準備ができたら、管轄の税務署に提出しましょう。**管轄の税務署とは、自宅周辺地域の管轄**です。東京に住んでいるけど物件は福岡に持っているから、福岡の管轄税務署へ、なんてことはありませんから間違えないでくださいね。

納税額が出れば、それを納めて確定申告は完了です。**申告および納付期限は、毎年3月15日**です。青色申告は、期限が過ぎてしまうと、青色申告の取り消しとなる場合がありますので、必ず余裕を持って申告してください。**申告開始が2月16日から**ですので、それまでに準備は完了しておきたいですね。

よく申告期限ぎりぎりまで申告書を作成できない人がいます。

前年の記帳が上手くいっておらず、「決算修正事務手続き」に時間がかかり提出期限までの時間がほとんどなくなる、なんていうことがあるのです。

期限に間に合わなければ加算税が課せられる可能性もあります。その税率は、期限後でも自主的に申告書を提出した場合は５％です。更正や決定により税務署からの指導を受けた場合には、納税額50万円までなら15％、50万円を超えるなら、その超える部分に「**無申告加算税**」として20％も加算されます。

ただし、**申告期限から2週間以内に自主的に申告、もしくは納付すべき税金のすべてを納期限までに納付していれば、無申告加算税は課されません。**税務署の調査を受ける前に自主的に申告した場合も、５％に軽減されます。

さらに、期限から２カ月までだと、公定歩合＋４％（平成25年1月時点では４・３％）の「**延滞税**（２カ月以上たつと14・６％）」がとられてしまいます。

たとえば、期限に間に合わなかったけれど、２カ月以内に申告して、50万円の所得税だったなら、無申告加算税として50万円×５％の2・５万円に、延滞税として50万円×４・３％×61日（納付期限翌日の３月16日から5月15日）÷３６５日≒３５００円を合計した、２万８５００万円を支払うことになります。

また、せっかく65万円の青色申告特別控除を受けようと複式簿記で申告しても、期限が過ぎていれば、10万円の控除しか受けられません。

54 本当の恐怖は確定申告の後にやってくる

書類を提出したから終わりではない

◎間違いによる修正はできるだけ早く行なうこと

確定申告が無事に済み、やれやれと思っていても、これで終わりではありません。

確定申告は、書類を用意して税務署に提出すれば、じつは誰だって事なきを得るのです。もっと言えば、嘘の申告をしていても、その場では何のお咎《とが》めなく受け取ってもらえるのです。

しかし、怖いのはその後。「確定申告」というのは、その名の通り「確定」してしまうのです。〝ちょっと間違えたから修正しよう〟は通用しません。「確定」してしまった後からは、簡単には変えられないのです。

◎もしも納める税金が少なすぎた場合

いわゆる「**申告漏れ**」です。これは前項でも触れましたが注意したいですね。

大切なことですので、もう一度詳しく説明しましょう。

納めた税金が少なすぎた場合、まず誤った内容を訂正するための**「修正申告」**をする必要があります。もしも提出後に誤りに気づいたら、税務署に指摘される前にできるだけ早く修正申告してください。

納める税金が少なければ**「過少申告加算税」**がかかります。増加分の税額の10％相当額を支払うことになります。もしくは増加分の税額が、当初の申告納税額と50万円とのいずれか多い金額を超えている場合は、その超えている部分については15％になります。ただし、税務署の調査を受ける前に自主的に修正申告をすれば、この過少申告加算税はかかりません。気づいたら早く修正申告をしましょう。そして新たに納める税金の納期限は、修正申告書を提出する日ですので、これには必ず間に合わせましょう。

もし、税額計算のもとになる事実を隠したり、所得隠しをしたり、脱税していたら、過少申告加算税ではなく、増加分の税額の35％を**「重加算税」**として余分に取られてしまいます。所得隠しは、重加算税を払うだけで済みますが、脱税となると重加算税だけでなく、起訴されて有罪になり刑務所送りになることも珍しくありません。不正な脱税行為は絶対にやめましょう。

さらに、申告漏れがあった場合、これだけでは済みません。納付日までの「**延滞税**」も支払う必要があるのです。

法定納期限の翌日から修正申告書を提出した日の翌日以後２カ月を経過する日までの期間は、年「４・３％」、それ以後は年「14・６％」の割合で計算します（平成25年）。

◎もしも納めた税金が多すぎた場合

確定申告の内容に間違いがあり、納める税金が多すぎた場合や還付される税金が少なすぎた場合は、「**更正の請求**」という手続きができます。

「更正の請求」ができる期間は、原則として「法定申告期限から１年以内」でしたが、平成23年に法改正があり、平成23年12月２日以降に法定申告期限が到来するものについては、「**法定申告期限から５年以内**」に延長されました。

税務調査は、２年も３年もさかのぼって調査される一方、払いすぎた税金を返してもらうのはたった１年分しか請求できないことに対して見直されたのです。

また、税金が少なかった場合は、延滞税をとられますが、多かった場合は、自分が誤ったただけなので、利息はつけてもらえません。

「更正の請求」の手続き方法ですが、まず**「更正の請求書」**を税務署に提出します。「更正の請求書」が提出されると、税務署でその内容を検討して、納めすぎの税金があると認めた場合には、減額更正をして税金を還付します。

還付の前に、その内容は請求書を提出した人に通知されます。

◎納税は計画的に！

納税額が大きい場合、「納税資金がない！」なんてことになると、税金を滞納することになります。滞納すれば高利息の「延滞税」を課せられます。「ご利用は計画的に！」ではありませんが、「納税は計画的に！」です。

そのようなことにならないための方法として、**「納税準備預金」**を使って備えることができます。これは金融機関が用意しているもので、**利率は普通預金よりも高く、納税のために預け入れるために利息分は非課税**となっています。預けるのはいつでもできますが、引き出しは原則として納税のときという制限があります。

納税預金で準備して予定納税や中間納税を実行し、場合によっては還付加算金のご褒美をもらえるとしたら、税金を納めるのもそれほど苦ではなくなるかもしれませんね。

納税の時期を把握しよう

納税カレンダー（個人の場合）

月	所得税	住民税（普通徴収）	事業税	固定資産税
1月		○		
2月				○
3月	○			
4月				○
5月				
6月		○		
7月	○			○
8月		○	○	
9月				
10月		○		
11月	○		○	
12月				○

※住民税、固定資産税は地方公共団体により異なる場合がある

納税カレンダー（3月決算の法人の場合）

月	法人税	法人住民税	法人事業税	固定資産税
4月				○
5月	○	○	○	
6月				
7月				○
8月				
9月				
10月				
11月	○	○	○	
12月				○
1月				
2月				
3月				

※法人住民税、固定資産税は地方公共団体により異なる場合がある

第6章

大家さんのための「税務調査」対策マニュアル

防

55 税務調査、事前に備えておけば安心です

事前に対応のシミュレーションを！

◎**備えあれば憂いなし、恐れることなかれ**

あなたも税務調査について聞いたことがあるでしょう。

財務省の外局である国税庁が国税の最高峰です。その国税庁の下に国税局が各地域に12カ所あり、その国税局の下に税務署が全国524署あります。税務調査は、この税務署から調査官がやって来て行なわれます。

税務署の中にはいくつかの主要部署があり、**大家さんに関係するものといえば、個人課税部門、法人課税部門、資産課税部門です。**

個人事業主として所得税の申告をしている場合は、個人課税部門が税務調査にやってきますし、法人を設立して法人税の申告をしていれば法人課税部門が税務調査にやってきます。これが一般的な税務調査になります。

そして税務署の一般的な税務調査は、強制捜査ではなく任意調査となります。任意と

■ 税務調査官は税務署からやってくる

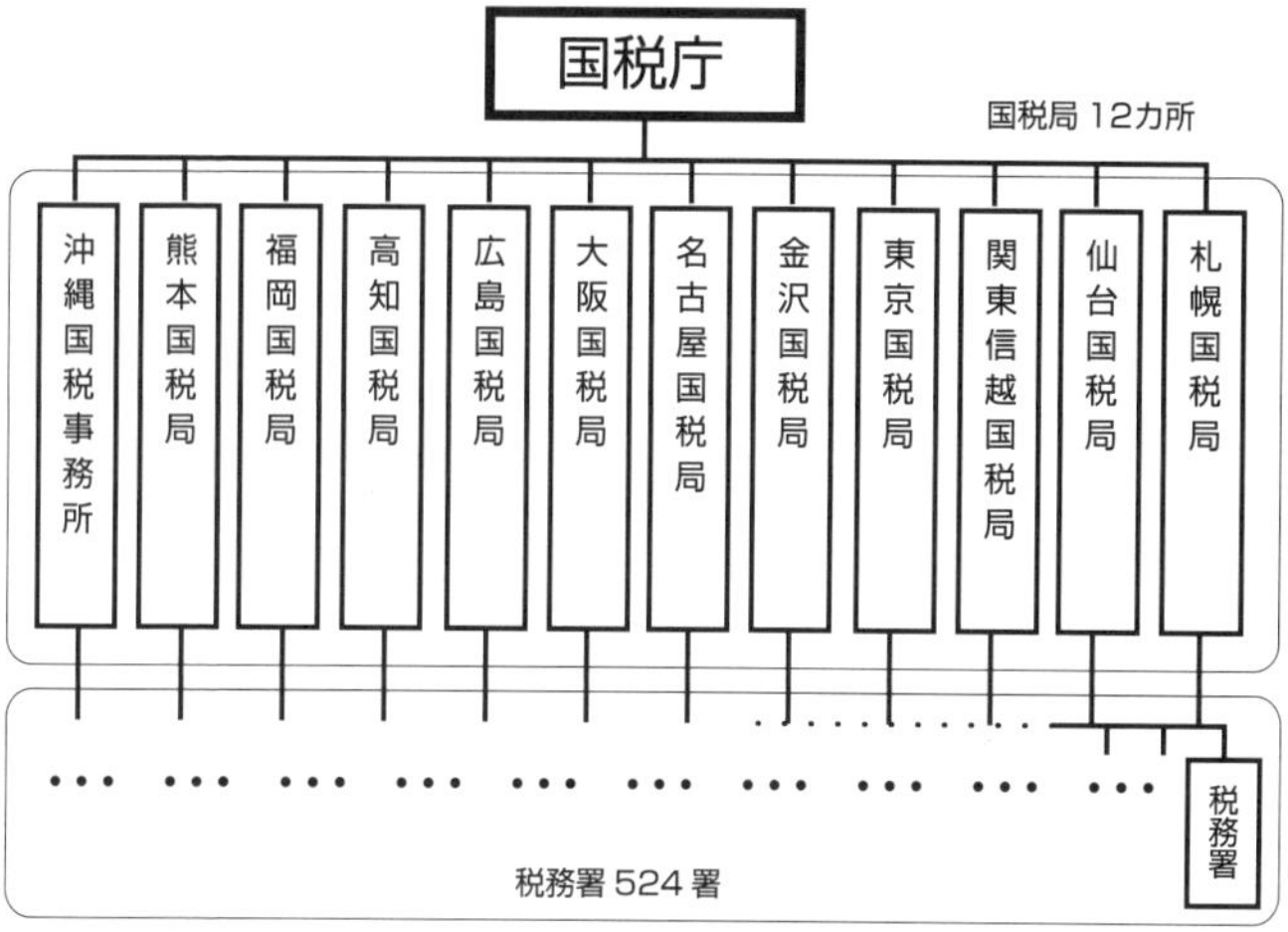

いっても拒否することは避けるべきでしょう。**任意といいつつも、暗黙の了解で義務のようなもの**だからです。

◎税務調査はいつ来るのか?

税務調査は、一般に「3年に1度」と言われていますが、実際にはケースバイケースです。業種によっては3年周期で調査に入られる企業もありますし、10年間経ってもいまだに調査に入られない個人事業主もいます。

大家業は、ほかの事業に比べて税務調査に入られにくい傾向なので、

3年に1度の周期で調査に入られている大家さんは少ないのではないでしょうか。

調査先に選定されるにはやはり優先順位のようなものがあります。たとえば国税庁のホームページを見てみると、統計的に見て脱税が多い業種は選ばれやすい傾向にあります。パチンコ屋さんやバー、クラブなどの飲み屋さん関係です。

その他には、過去の実績などからもリストアップされる可能性はあります。KSKシステム（国税総合管理システム）という国の管理システムがあり、ここに実績が蓄積されます。この膨大な情報に基づき調査先の選定がされるようです。

大家さんに調査が入るケースとしては、収益物件を法人と個人の間で売買している場合です。法人と個人の間で物件の売買が複数回あると、調査官の目につきやすい傾向にあります。その際、売買価格が適正かどうかを調査されます。

◎大家業だと何を調べられるのか?

税務調査では基本的に、「**総勘定元帳**」と「**仕訳帳**」を調べられます。大家業であれば、金額の大きい「**修繕費**」をチェックされます。**「資本的支出」としなければいけないものを「修繕費」としていないかをチェックされます。**

それから、管理会社から提出される管理明細書をサンプリングで出してくださいと言われ、**「管理費」**を見られます。一緒に**「管理会社との契約書」**も見られます。

不動産を購入していると売買契約書の提示を求められ、**「契約書には印紙が貼ってあるか」**、そして**「建物と土地の取得価額の按分方法」**を確認されます。

建物と土地の取得価額で、減価償却をたくさんとれるように建物価額を大きくするのが節税テクニックでした。しかし、この節税方法では、もし物件を10年後に売るとしたら、建物取得価額が大きいために簿価が低くなってしまい、売却益がより多く出てしまってそのときに税金をより多く納めることになります。そうなると、建物取得価額を購入時に大きくとったとしても、税務署側に損はないかもしれません。

しかし、税務署はそう考えず、直近の利益を見ます。そのため、建物取得価額が大きくなると、「この按分方法はおかしくないですか?」とつっこんできます。

そのようなときには、**「相対取引（当事者間の取引）」**であることを主張しましょう。相対取引だから許されるというわけではありませんが、第三者間同士であれば、その合意した売買金額が時価となります。現実としても、建物と土地の按分は売主さんとの交渉ごとなのです。

56

税務調査のとっておきの対応策、教えます！

税務調査官に目をつけられないための回避方法

◎コメント欄に「言い訳」を記入する

調査官は、まずは提出された確定申告書で机上調査をします。そこで怪しいと思ったところを調査対象にピックアップするのです。

ということは、その机上調査の段階で、調査官に怪しいと思われないようにしなければなりません。そこで有効なのが、収支内訳書や青色決算書のコメント欄です。

収支内訳書や青色決算書には、「本年中における特殊事情」を記入することができるコメント欄があります。**怪しいと思われるようなことがあれば、このコメント欄に、事前に「言い訳」を記入しておく**のです。

たとえば、修繕費が去年は100万円だったのに、今年は1000万円かかってしまったとします。確定申告書からは、数字しかわからないため、調査官はなぜこんなに必要経費が増えているのか怪しく思ってしまいます。

そこで、このコメント欄に、たとえば**「屋上防水と外壁塗装を行なったため、1000万円かかりました」などの理由を書いておけば、調査官は事前に理解してくれるため、調査対象になる可能性が低くなる**のです。

ただし、嘘を書いてはいけません。あくまでも調査に来られないための予防策ですから、もし調査に来られて「原始記録」を調べられて嘘だと発覚したら、重加算税の対象となってしまいます。

◎書面添付制度を利用する

税理士と顧問契約しているならば、**「書面添付制度」**が使えます。この制度は、確定申告のときにある一定の書面を添付すれば、その法人や個人事業者が税務調査対象になったとしても、実地調査を行なう前に税理士が税務署に出向き調査を受け、この段階で疑問が解決されれば実地調査には移行しないという制度です。もちろん、事前調査にあなたが付き添う必要はありません。

この書面添付制度は、税理士と顧問契約していれば誰でも利用できる制度ではありません。税理士が手間ひまかけながら作成するこの書面は、「保証書」のようなものです。

この書面を付けても大丈夫と思えるクライアントの条件は、**①正確な記帳がなされていること、②顧問税理士との信頼関係が構築されていること、**などです。これらの条件を満たしていると顧問税理士が判断すれば、この書面をつけてくれます。

昨今、税務署職員の数が減り、税務調査を減らそうという動きがあります。実地調査に行く前に、その書面と税理士からのヒアリングによって税務調査の簡素化を図ろうとしています。

だから、ぜひ顧問税理士と信頼関係を構築し、この書面添付制度を利用してください。

◎調査官にはどのような対応をすればいいのか？

調査官からわからないことや不明なものについて聞かれたときは、無理して答える必要はありません。後日回答すれば十分です。変に隠そうとすると、かえって逆効果となります。

あなたから必要以上にお話しするのではなく、調査官から問合せを受ければ、それについて端的に答えるようにしてください。多くのことを話してしまうと逆に「そのことについてもっと教えてください！」と調査官からつっこまれることもあります。

税務調査のときは、よけいなことは言わないことが鉄則です。過去の取り引きに関してつっこまれたら、「きちんと思い出します。後で回答してもいいですか?」とその場をしのぎ、顧問税理士と打ち合わせをしてから、後日答えるようにしましょう。

調査官がつっこんでくるときは、何かを見つけようと狙っています。素人考えでは答えずに、後日仕切り直しましょう。つっこまれたら「その場を一旦潜り抜け、適切な回答ができるように作戦を立てる」。これを心がけてください。

大家業の税務調査では、法人と個人の間で物件の売却があれば、売買価格が適正であるかどうかについて詳細に確認します。特に同族間取引きでは、あくまで市場価格(時価)で売買する必要があります。

個人から法人に物件を売却する際の物件価格については、必ず税理士とよく相談し、価格決定をしましょう。そして、**「価格決定の証拠」についてはきちんと残しておきましょう。**

仮に調査官の態度が横柄だったり強引だったりしたら、抗議をしてください。あくまでも税務調査は任意調査であり、強制的な調査は違法行為です。

国税庁発表の「税務運営方針」には、納税者に対して親切な態度で接することと書いてありますから、あなたが抗議するのは当然の権利です。もちろんけんか腰にはならずに、こちらからは丁寧に事情を説明してください。

避けたほうがいい対応は、「税理士さんにすべておまかせしているので」という投げやりな対応や、「なぜそんなことを聞くのですか?」というような攻撃的な対応です。

税務調査官も人間です。これでは調査官の心証を害し、税務調査の結果に悪影響をおよぼしかねません。

本書を読んでいるあなたはそんなことはないと思いますが、たまにそういった人もいるようですので、気をつけてください。

第7章

改正にもバッチリ対応！ 大家さんのための「消費税」講座

57 忘れがちな消費税に気をつけなさい

駐車場や店舗、事務所を貸している場合にかかる

◎消費税の仕組みをざっくり理解しておこう

不動産賃貸業で、100%居住用として貸し付けている場合は、消費税はかかりません。しかし、駐車場や店舗、事務所を貸している場合は、賃貸による収入について、消費税の対象になります。

みなさんの中には居住用物件だけではなく、駐車場やテナント物件なども扱っている人もいることと思います。そこで本章では、消費税について解説していきます。

消費税について考えるときにまず最初に行なわなくてはいけないことが、収入を「**課税売上げ（消費税の対象となるもの）**」と「**非課税売上げ（消費税の対象とならないもの）**」に分けることです。

恐ろしいことに、課税売上高が年間1000万円を超えると、赤字、黒字にはまった

く関係なく、消費税の「課税事業者」となり、消費税を納めなくてはいけません。

消費税の課税対象者になると**「消費税課税事業者届出書」**の提出が必要となります。

実際に申告・納税するのは２年後となります。

たとえば、平成25年に課税売上高が合計１０００万円を超えた場合、平成27年分申告で消費税を納めます。そのときの税額は、平成27年の課税売上高と課税仕入れ高のそれぞれの消費税を計算し、差し引きして納税します。つまり、２年前の平成25年では、課税事業者になるかどうかを判定しているだけで、実際の納税は２年後の平成27年に始まるのです（ただし、平成23年度税制改正で一部改正。詳細は２６５ページ参照）。

ちなみに、消費税の申告期限は、次の通りです。

（２年前もしくは２事業年度前の判定後）
法人……その事業年度の終了後２カ月以内（３月末決算なら５月31日が期限）
個人……その年の翌年３月31日まで（所得税の期限は３月15日までだが、消費税は異なるので注意！）

◎そもそも消費税ってどんな税金？

モノを買うと平成25年1月現在では、５％の消費税をお店などに支払います。１００円のモノを買うには１０５円支払わなければモノを受け取れない。これは常識ですね。

さて、少し細かい話をすると、１００円のモノを買ったときに払う５円の消費税は、国に支払う４円の国税と地方に支払う１円の地方消費税に分かれます。

これらをあわせて「消費税」と世の中では呼ばれています。特段、支払い方法が分かれるわけでもなく、法人税のように申告書を国や地方公共団体に別々に提出するわけでもない、私たちがモノを買うときには皆お店に消費税５％分を支払うだけです。

では、消費税はどうやって国や地方に支払われるのか。

たとえば、あるコンビニエンスストアが商品としてモノを仕入れます。お菓子やパンを仕入れると仕入先に消費税を支払います。

次に、その仕入れた商品を販売します。すると、買いに来た人から消費税を受け取ります。

84円で仕入れたパンを１０５円で売れば、４円の消費税を支払い５円の消費税を受け取ったこととなります。すると、５円－４円＝１円がそのコンビニエンスストアに残る消費税ということになります。この１円を国に納めるのがこのコンビニエンスストアとなり、この仕組みで消費税を国や地方に納めることとなります。

消費税は、ほとんどのモノやサービスにかかりますが、いくつか消費税のかからないものがあります。

それは、土地です。**土地には消費税をかけてはいけない**ということになっています。

消費税は、モノの消費やサービスの提供を受けることに対して税金をかける性質のものです。したがって、価値が減少するわけでもなく、何かサービスを提供してくれるわけでもないため、土地には消費税をかけないのです。

その他にも、お医者さんなんかで支払う医療保険が適用される医療費にも消費税はかかりません。そして、**住居として賃貸する家賃にも消費税はかかりません。**

◎納税額を計算してみよう

課税売上高が１０００万円を超えた年に考えなければいけないのは、２年後に納税するということ。そして、２種類あるうちの申告方法をどちらにするかを選択するということです。申告方法は「**原則課税**」と「**簡易課税**」があります。

消費税額の計算方法は、それぞれ異なります。

【原則課税】
賃貸収入にかかる消費税－賃貸業における経費にかかった消費税＝納税する消費税

【簡易課税】
賃貸収入にかかる消費税×50％＝納税する消費税

例：駐車場賃貸業を営んでいて
駐車場収入2100万円（内消費税100万円）
経費 840万円（内消費税 40万円）

この場合、納税する消費税は、それぞれ次のようになります。

原則課税 100万円－40万円＝60万円
簡易課税 100万円×50％＝50万円

比較すると、簡易課税の方が10万円も少なくてお得です。

必ずしも簡易課税の方が有利というわけではありませんが、どちらがよいか、シミュレーションをしてみましょう。

消費税の課税事業者になると、自動的に原則課税となります。シミュレーションした結果、簡易課税が有利だと思ったら、「**簡易課税制度選択届出書**」を提出すれば、簡易課税で納税することができます。届出書の提出期限は、簡易課税をしたいと思う事業年度が開始する日の前日までです。また届出書の提出後は、2年間は変更できません。

ただし、2年前の課税売上高5000万円以下が適用条件になります。

ところで、簡易課税のメリットはもう一つあります。計算式からわかると思いますが、経費にかかる消費税は計算には無関係です。

したがって収入についての課税売上高が決まれば率をかけるだけなので計算が楽です。原則課税の場合は、経費について一つずつ課税、非課税をわける必要があり面倒です。

ちなみに、**消費税のかかる主な経費は、水道光熱費、修繕費、広告費、支払手数料など**です。逆に**消費税のかからない経費は、租税公課、減価償却費、給与、借入金の支払利息、保険料など**です。ね、これを分けようと思うとかなり面倒でしょう？

58 消費税還付を利用するには?

払いすぎた消費税は申請すれば返ってくる

◎消費税が戻ってくる消費税還付とは?

消費税を国から返してもらえる制度があります。

先ほどのコンビニエンスストアの例でいうと、消費税は、パンを単価84円で仕入れて、定価105円で売り、1円を国に納める——というケースが大半です。しかし、預かっている消費税が手元に残ることばかりかというと、そうではないのです。

たとえば、単価84円のパンを2個仕入れたとします。しかし、売れたのが結局1個だけの105円とすると、仕入れ先に消費税8円を支払い、お客さんより受け取った消費税は結局5円だったということになります。これは支払いっぱなしの消費税が8円－5円＝3円であることになります。

手元に消費税が残ったのではなく、3円余分に支払っているのです。

この消費税3円分は手続きをすれば、支払いっぱなしにはならず、国から返してもらえるのです。

つまり、受け取った消費税が手元に残れば国に納め、**支払った消費税が受け取った消費税よりも多い場合は返してもらえる**のです。これが消費税の還付です。

この消費税還付、不動産賃貸業の場合にはどうなるのでしょうか？

サラリーマン大家さんでは、少ないと思いますが、一番わかりやすい例でいうと、店舗貸しのビルを1棟購入した場合です。全室、事務所用収益物件とし、

・建物　２１００万円（うち消費税１００万円）
・土地　３０００万円（消費税は０円）
・年間賃料　１０５０万円（うち消費税50万円）

とします。

すると、支払った消費税が１００万円、受け取った消費税が50万円となり、差し引き50万円が支払いっぱなしとなります。

これが還付の手続きを踏めば、国から返してもらえるのです。

ただし、あくまでも消費税を納める義務がその年または事業年度にないと、還付してもらえる権利はないので注意してください。

さて、駐車場や店舗、事務所は課税売上げなので、このような消費税還付を受けることができました。

では、非課税売上げとなる居住用マンションはどうなるのでしょうか?

たとえば、先ほどの例の購入物件の全室が居住用だったとします。

また賃貸収入は年間1000万円とします。もちろん、賃料は非課税ですので、この賃料では受け取った消費税は0円です。

すると、「100万円－0円で100万円全額返してもらえる、ラッキー!」

……とは、残念ながらなりません。

消費税を受け取る売上げに対して、その売上げを得るために必要な経費などで支払った消費税、たとえば、テナント収入を得るために支払った経費、管理費、修繕費、広告宣伝費などは差し引けます。

しかし、居住用マンションは消費税を預かることができないため、たとえ家賃収入を得るために必要な経費で支払った消費税でも、還付は受けられないのです。

◎課税売上げと非課税売上げの両方がある場合の消費税還付計算方法

支払った消費税の方が多いときに、還付を受けることができる、とお伝えしました。では、次のように課税収入と非課税収入がある物件ではいくら還付されるのか、少し計算が複雑なので一緒に見ていきましょう。

例）個人事業者で、その他の収入がなく、次のような物件を購入しました。
建物価格１３６５０万円（うち消費税６５０万円）、土地８０００万円
事務所家賃収入　１０５０万円（うち消費税50万円）
居住用家賃収入　２０００万円（消費税０円）

受け取った消費税50万円－支払った消費税６５０万円＝－６００万円

支払った消費税の方が６００万円多いですね。

したがって還付を受けることができますが、じつは600万円がまるまる返ってくるわけではないのです。

なぜかというと、建物を購入した経費には、課税売上げと非課税売上げの両方の売上げに対する経費が含まれると考えるのです。したがって、建物にかかった消費税を按分する必要があります。

課税売上割合＝課税売上高（税抜き）÷（課税売上高（税抜き）＋非課税売上高）

となり、この例の場合、

1000万円÷（1000万円＋2000万円）＝33％

したがって、還付額は次のように修正されます。

50万円－650万円×33％＝－164.5万円

◎消費税還付を受けるには？

消費税還付を受けるためには、届出が必要です。

次の例を見てみましょう。

例：個人事業者で平成25年1月10日に事務所貸し用1棟の物件を初めて購入して
　事業を開始した場合
建物1０500万円（うち消費税500万円）
平成25年中の事務所収入 1050万円（うち消費税50万円）
平成25年中の修繕費等経費 840万円（うち消費税40万円）

この場合、

預かった消費税 50万円
支払った消費税 540万円

となり、差引き４９０万円の還付が受けられます。

さて、先にもお話ししたとおり、２年前にさかのぼって判定した結果、課税事業者で、消費税の申告はできますが、今回初めて物件を購入して事業を開始しているので、このままでは25年分の消費税の申告はできません。

しかし、合法的に25年分の消費税還付を受けることができるのです。

手順は次のとおり！

①平成25年12月31日までに「課税事業者選択届出書」を提出する
↓
②平成26年3月31日までに「消費税申告書」を提出する

「課税事業者選択届出書」は、消費税を納めなくてもよい事業者があえて消費税を納めさせてください、と頼む届出書です。つまり、２年前または2事業年度前に消費税のかかる売上が１０００万円以下の場合に届け出る書類ということです。

提出すれば消費税を納める事業者になることができ、この例の場合は、平成25年から27年までの３年間は無条件で消費税を納める事業者になります。

提出期限は、個人も法人も同じで、事業を初めて開始した年または事業年度の末日までとなります。ただし、平成26年分は、預かった消費税より支払った消費税が多くなることはあまりありません。新たに物件を買ったり大規模な修繕をしたりしない限り、平成26年は消費税を納めることになるでしょう。

消費税に関しては、居住用の賃貸収入が１００％であるなら特に気にすることはありません。しかし、店舗や事務所、駐車場を賃貸していたら注意です。規模が大きくなれば消費税を納める可能性が出てきます。**特に見落としがちなのが、入居者からもらっている水道代です。これは課税収入**です。１０００万円以上の判定に注意しましょう。

消費税の計算は大変複雑です。

本書でも紙面の都合でお伝えできていない計算方法がたくさんあります。

また、消費税還付については、私たち税理士も相当神経を使いながら行なう業務です。

消費税の計算や消費税還付について、必ず顧問税理士に相談し、慎重に検討しましょう。

59

平成26年4月増税！消費税改正のポイント

消費税が上がると不動産投資にどう影響するのか？

◎どこがどう改正したのか？

消費税に関しては、税法の網の目をくぐり抜けた消費税の還付を受けるさまざまな方法がありました。

特に有名だったのが「自動販売機作戦」なる消費税還付の手法なのですが、この手法も平成22年度の税制改正で封じ込められてしまいました。

近年、消費税法の改正は、毎年のように行なわれています。

目下の注目は、やはり**消費税率アップ**でしょう。

平成26年4月からは8%、そして平成27年10月からは10%となります。変更される税率が大きなインパクトを与えていますが、不動産賃貸業を行なう上でも重要なポイントがあります。

その前に、整理しておきたいことがあります。それは**平成23年度税制改正**で決まったことで、納税義務判定の方法に新しい判定基準が設けられました。

今までは、その年（法人の場合はその事業年度）に課税事業者になるかどうかの判定は、2年前（法人は2事業年度前）の売上高で判断されました。

しかし、**この改正によって、2年前（法人は2事業年度前）を確認した後、さらに前年（法人は前事業年度）の前半6カ月の課税売上高が1000万円を超えたかどうかを確認して、その年の納税義務があるかどうかを検討しなければならなくなりました。**

これは、平成25年1月1日以降に開始する個人事業、または法人の事業年度から適用されます。

◎改正で大家さんが考えなくてはいけないこととは？

納税義務判定の判定追加によって、大家さんが考えなければならないことは、**その年または事業年度の前半6カ月の課税売上高が1000万円を超えるかどうかと、その売上げの内容を把握**しておかなければなりません。

たとえば、年初または期首近くにテナント貸しの物件を購入したり、駐車場貸しをはじめたりして毎月200万円近くの収入が生まれれば、来年または翌事業年度には早くも消費税の納税義務者になるかもしれません。

また、**物件売却時期も注意**です。

建物の売却金額は、一棟ものの売値は軽く1000万円を超えるでしょうから、前半6カ月で売却すると翌年から消費税の課税事業者になってしまうので、後半6カ月に売却するほうがいいという判断も必要です。

さらに納税義務判定には、**給与の支給額が1000万円を超えているかどうか**も関係します。給与とは役員報酬や従業員給与のことですが、この支給額の合計が1000万円を超えていると、翌年または翌事業年度は納税義務者となります。

反対に、**前半6カ月の課税売上高が1000万円を超えていたとしても、その間に給与の支給がなければ、翌年または翌事業年度からは納税義務が発生しない**のです。

◎物件契約のタイミングに注意!

大家さんにとってもう一つ重要なことが、**消費税率改正のタイミング**です。

中古物件を購入する場合には関係ないのですが、たとえば所有している土地に収益物件を建築するとなると、そのタイミングによって消費税率の適用が異なってきます。

たとえば、平成25年９月30日までに建築契約を結んでおけば、完成引き渡しが消費税率が８％にアップする平成26年４月以降となっても、旧税率の５％の消費税を支払えばよいのです。

新築の収益マンションなどを建設予定であれば、契約日と完成引き渡し日によって、消費税の税率が何％になるのか、注意してくださいね。

本書の読者限定で、
４章でも解説した「減価償却費」が
一目でわかるシートをプレゼントいたします！
詳細は下記ＵＲＬへアクセスください。

http://www.ums-ac.com/tokuten

【著者紹介】

夫馬 竜司（ふま・りゅうじ）

収益不動産投資専門税理士。税理士法人ユーマス会計所属。愛知県名古屋市生まれ。和歌山大学経済学部卒。大学卒業後、大手総合電機メーカー三菱電機に入社。3年間のサラリーマン生活を経て、大企業の一社員ではなく、特定の分野でのスペシャリストになりたいと思い、一念発起。税理士に転身することを決意し、退社。2004年、税理士法人ユーマス会計に入所し、2007年、税理士登録。不動産購入の入口から相続・事業承継の出口の税務まで総合的なコンサルタントとして、節税対策はもちろんのこと、収益不動産を買い続けるための戦略的なアドバイスを行なっている。現在は、サラリーマン大家さんを中心に、多数の不動産投資家のクライアントを持ち、圧倒的な信頼を得ている。相談を受ける中、税理士にまかせっきりで、節税対策や融資対策ができていないサラリーマン大家さんがあまりにも多いことに気づき、そういった人たちを救うべく、サラリーマン大家さんのための収益不動産の税務に特化した内容をまとめる。2012年からは、東京、大阪の不動産投資家を対象に、不動産投資税務セミナーを定期的に開催。穏やかな口調でわかりやすい解説であると好評を博している。

【税理士法人ユーマス会計】
TEL：072-221-1295　FAX：072-222-1816
ホームページ：http://www.ums-ac.com/

ちょっと待った!! 大家さん！
不動産投資では賢い節税がたんまりお金を残す秘訣です!!

2013年 2月20日　第1刷発行
2013年12月 5日　第4刷発行

著　者　夫馬　竜司
発行者　八谷　智範
発行所　株式会社すばる舎リンケージ
〒170-0013　東京都豊島区東池袋3-9-7　東池袋織本ビル1階
TEL 03-6907-7827　FAX 03-6907-7877
http://www.subarusya-linkage.jp/
発売元　株式会社すばる舎
〒170-0013　東京都豊島区東池袋3-9-7　東池袋織本ビル
TEL 03-3981-8651（代表）　03-3981-0767（営業部直通）
振替 00140-7-116563
http://www.subarusya.jp/
印　刷　ベクトル印刷株式会社

落丁・乱丁本はお取り替えいたします

ISBN978-4-7991-0227-5 C2030